Impressum
Verlag: BABADADA GmbH, Nedderfeld 112 , 22529 Hamburg
Geschäftsführer / Verlagsleitung: Harald Hof
Druck: Books on Demand GmbH, In de Tarpen 42, 22848 Norderstedt

Imprint
Publisher: BABADADA GmbH, Nedderfeld 112 , 22529 Hamburg, Germany
Managing Director / Publishing direction: Harald Hof
Print: Books on Demand GmbH, In de Tarpen 42, 22848 Norderstedt

escola
σχολείο

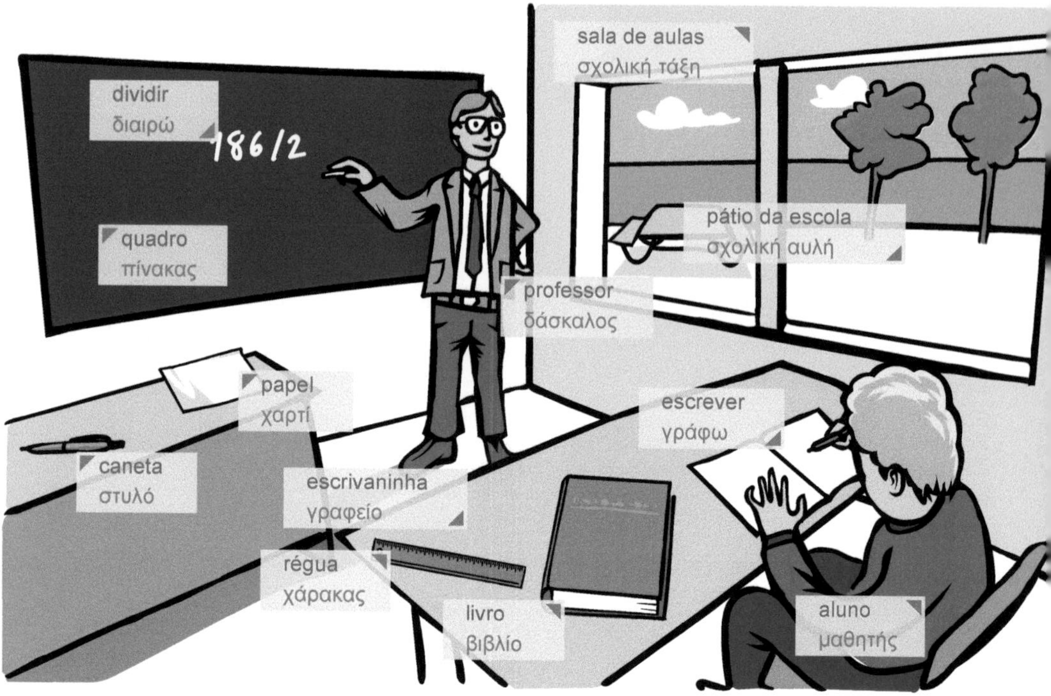
sala de aulas
σχολική τάξη
dividir
διαιρώ
186/2
quadro
πίνακας
pátio da escola
σχολική αυλή
professor
δάσκαλος
papel
χαρτί
escrever
γράφω
caneta
στυλό
escrivaninha
γραφείο
régua
χάρακας
livro
βιβλίο
aluno
μαθητής

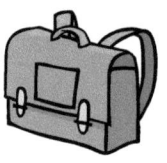

sacola

σχολική τσάντα

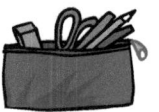

estojo de lápis

κασετίνα/ μολυβοθήκη

lápis

μολύβι

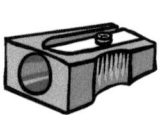

apontador de lápis

ξύστρα

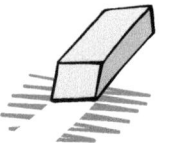

borracha

γόμα

bloco de desenho

μπλοκ ζωγραφικής

desenho

ζωγραφική

pincel

πινέλο

estojo de tintas

κουτί χρωμάτων

tesoura

ψαλίδι

cola

κόλλα

livro de exercícios

τετράδιο ασκήσεων

lição de casa

εργασία για το σπίτι

número

αριθμός

somar

προσθέτω

subtrair

αφαιρώ

multiplicar

πολλαπλασιάζω

calcular

υπολογίζω

letra

γράμμα

alfabeto

αλφάβητο

palavra

λέξη

texto
κείμενο

ler
διαβάζω

giz
κιμωλία

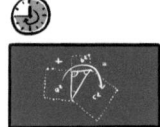

hora
μάθημα

registro da classe
εγγράφομαι

exame
τεστ

certificado
πιστοποιητικό

uniforme escolar
μαθητική στολή

educação
εκπαίδευση

enciclopédia
εγκυκλοπαίδεια

universidade
πανεπιστήμιο

microscópio
μικροσκόπιο

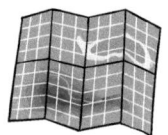

mapa
χάρτης

cesto de lixo
καλάθι αχρήστων

hotel
ξενοδοχείο

Grand

albergue
ξενώνας

ROOMS

EXCHANGE

casa de câmbio
ανταλλακτήρια συναλλάγματος

mala
βαλίτσα

carro
αυτοκίνητο

idioma
γλώσσα

sim / não
ναι / όχι

ok
εντάξει

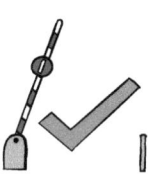

Olá
γεια σου

tradutor
μεταφραστής

obrigado
Ευχαριστώ

quanto custa...?

πόσο κάνει ;

eu não entendo

Δε καταλαβαίνω

problema

πρόβλημα

boa noite!

Καλησπέρα!

Bom dia!

Καλημέρα!

Boa noite!

Καληνύχτα!

até logo

Αντίο

direção

κατεύθυνση

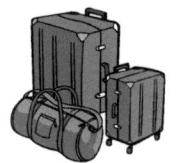

bagagem

αποσκευές

bolsa

τσάντα

mochila

σακίδιο πλάτης

convidado

καλεσμένος

quarto

δωμάτιο

saco de dormir

υπνόσακος

barraca

σκηνή

informação turística

τουριστικές πληροφορίες

praia

παραλία

cartão de crédito

πιστωτική κάρτα

café da manhã

πρωινό

almoço

μεσημεριανό

jantar

δείπνο

bilhete

εισιτήριο

elevador

ανελκυστήρας

selo

γραμματόσημο

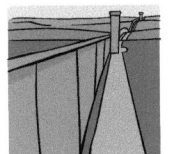

fronteira

σύνορα

alfândega

τελωνείο

embaixada

πρεσβεία

visto

βίζα

passaporte

διαβατήριο

transporte

μεταφορά

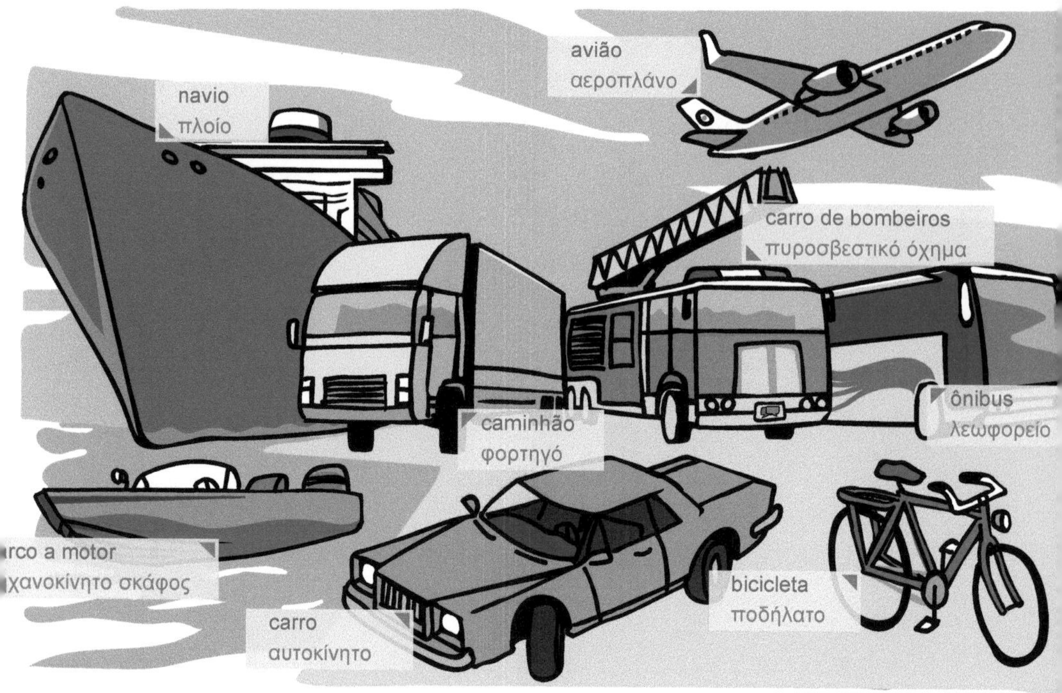
avião
αεροπλάνο
navio
πλοίο
carro de bombeiros
πυροσβεστικό όχημα
ônibus
λεωφορείο
caminhão
φορτηγό
rco a motor
χανοκίνητο σκάφος
bicicleta
ποδήλατο
carro
αυτοκίνητο

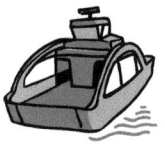

balsa

φεριμπότ

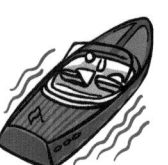

barco

βάρκα

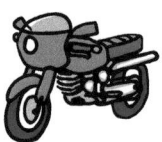

motocicleta

μοτοσικλέτα

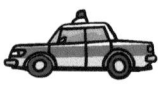

veículo policial

περιπολικό

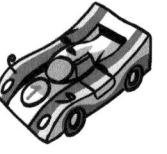

carro de corrida

αγωνιστικό αυτοκίνητο

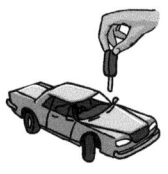

carro de aluguel

ενοικιαζόμενο αυτοκίνητο

compartilhamento de
automóvel

αμοιρασμός αυτοκινήτων

caminhão de reboque

γερανός

caminhão de lixo

απορριμματοφόρο

motor

κινητήρας

combustível

καύσιμο

posto de gasolina

βενζινάδικο

placa de trânsito

πινακίδα σήμανσης

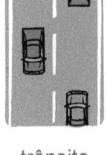

trânsito

κυκλοφορία

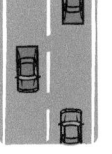

trânsito lento

κυκλοφοριακή συμφόρηση

estacionamento

χώρος στάθμευσης

estação de trem

σιδηροδρομικός σταθμός

trilhos

σιδηροδρομικές γραμμές

trem

τρένο

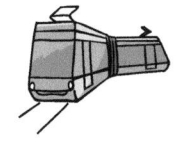

bonde

τραμ

vagão

βαγόνι

helicóptero

ελικόπτερο

aeroporto

αεροδρόμιο

torre

πύργος

passageiro

επιβάτης

contêiner

εμπορευματοκιβώτιο

cartolina

χαρτοκιβώτιο

carroça

καρότσι

cesto

καλάθι

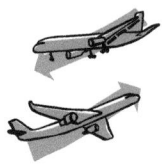

decolar / pousar

απογειώνομαι /
προσγειόνομαι

cidade

πόλη

vilarejo

χωριό

centro da cidade

κέντρο της πόλης

casa

σπίτι

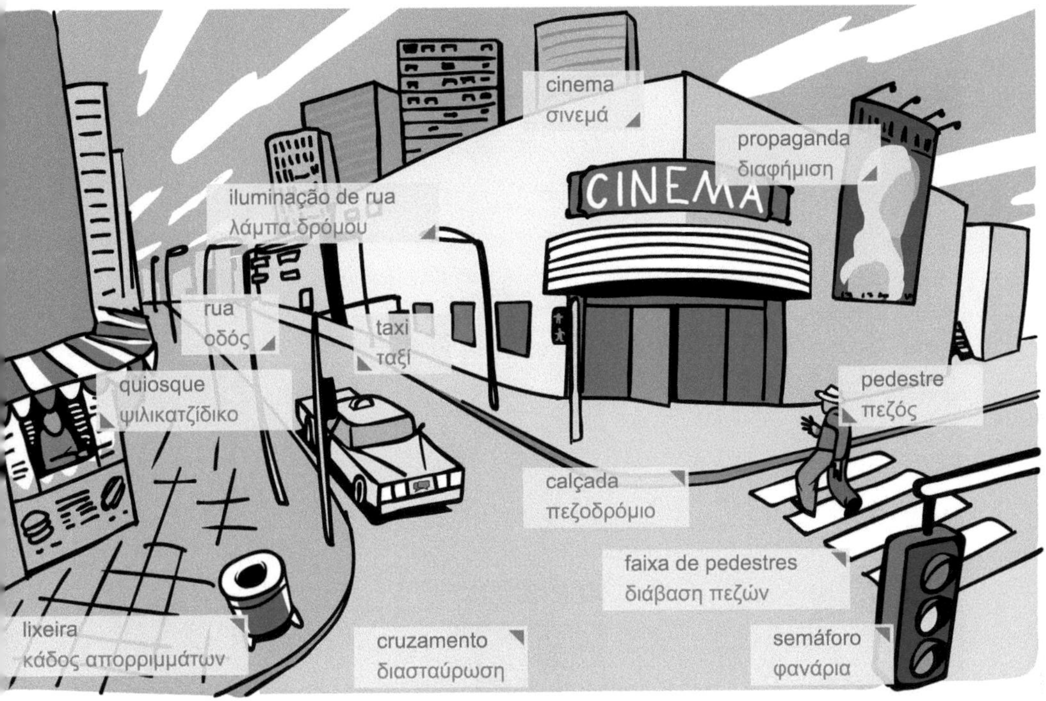

cinema
σινεμά

propaganda
διαφήμιση

iluminação de rua
λάμπα δρόμου

CINEMA

rua
οδός

taxi
ταξί

pedestre
πεζός

quiosque
ψιλικατζίδικο

calçada
πεζοδρόμιο

faixa de pedestres
διάβαση πεζών

lixeira
κάδος απορριμμάτων

cruzamento
διασταύρωση

semáforo
φανάρια

cabana

καλύβα

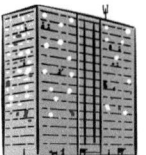

apartamento

διαμέρισμα

estação de trem

σιδηροδρομικός σταθμός

prefeitura

δημαρχείο

museu

μουσείο

escola

σχολείο

universidade

πανεπιστήμιο

banco

τράπεζα

hospital

νοσοκομείο

hotel

ξενοδοχείο

farmácia

φαρμακείο

escritório

γραφείο

livraria

βιβλιοπωλείο

loja

κατάστημα

floricultura

ανθοπωλείο

supermercado

σούπερ μάρκετ

mercado

αγορά

loja de departamentos

πολυκατάστημα

peixaria

ιχθυοπωλείο

centro comercial

εμπορικό κέντρο

porto

λιμάνι

parque
πάρκο

banco
παγκάκι

ponte
γέφυρα

escadas
σκάλες

metrô
μετρό

túnel
τούνελ

ponto de ônibus
στάση λεωφορείου

bar
μπαρ

restaurante
εστιατόριο

caixa de correspondência
γραμματοκιβώτιο

placa de rua
πινακίδα δρόμου

parquímetro
παρκόμετρο

zoológico
ζωολογικός κήπος

piscina
πισίνα

mesquita
τζαμί

cidade - πόλη

fazenda
αγρόκτημα

poluição
ρύπανση

cemitério
νεκροταφείο

igreja
εκκλησία

parquinho
παιδική χαρά

templo
ναός

paisagem
τοπίο

folha
φύλλο

placa de sinalização
πινακίδα κατεύθυνσης

caminho
δρόμος

gramado
λιβάδι

pedra
πέτρα

árvore
δέντρο

caminhantes
πεζοπόρος

rio
ποτάμι

grama
χορτάρι

flor
λουλούδι

vale

κοιλάδα

montanha

λόφος

lago

λίμνη

floresta

δάσος

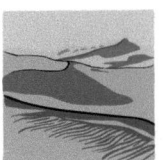

deserto

έρημος

vulcão

ηφαίστειο

castelo

κάστρο

arco-íris

ουράνιο τόξο

cogumelo

μανιτάρι

palmeira

φοίνικας

mosquito

κουνούπι

mosca

μύγα

formiga

μυρμήγκι

abelha

μέλισσα

aranha

αράχνη

besouro

σκαθάρι

sapo

βάτραχος

esquilo

σκίουρος

ouriço

σκαντζόχοιρος

lebre

λαγός

coruja

κουκουβάγια

pássaro

πουλί

cisne

κύκνος

javali

αγριογούρουνο

veado

ελάφι

alce

άλκη

barragem

φράγμα

aerogerador

ανεμογεννήτρια

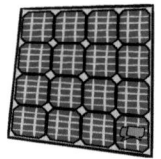

painel solar

ηλιακός συλλέκτης

clima

κλίμα

restaurante
εστιατόριο

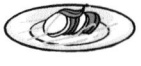

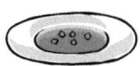

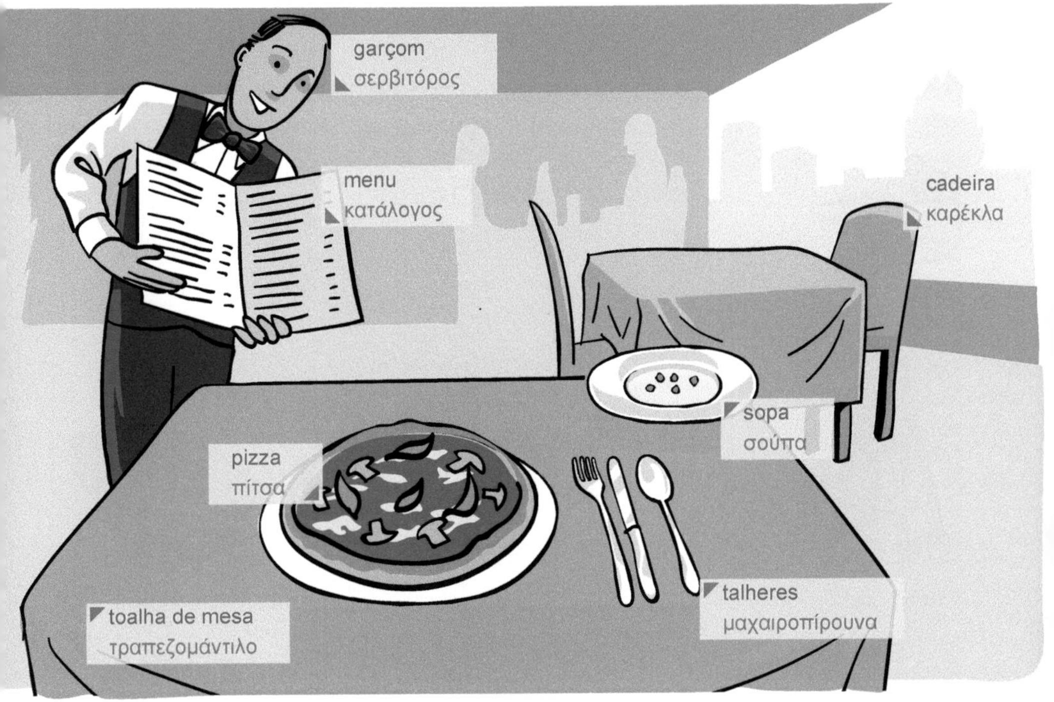

garçom
σερβιτόρος
menu
κατάλογος
cadeira
καρέκλα
sopa
σούπα
pizza
πίτσα
talheres
μαχαιροπίρουνα
toalha de mesa
τραπεζομάντιλο

entrada
ορεκτικό

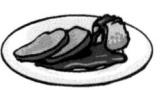

prato principal
κύριο πιάτο

sobremesa
επιδόρπιο

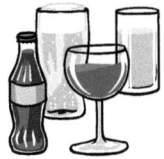

bebidas
ποτά

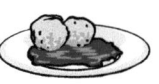

comida
φαγητό

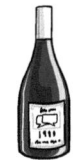

garrafa
μπουκάλι

fastfood

φαστ φουντ

comida de rua

φαγητό στ' όρθιο

bule de chá

τσαγιέρα

açucareiro

δοχείο ζάχαρης

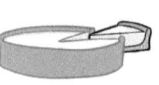

porção

μερίδα

máquina de expresso

μηχανή εσπρέσο

cadeirão

ψηλή καρέκλα

conta

λογαριασμός

bandeja

δίσκος

faca

μαχαίρι

garfo

πιρούνι

colher

κουτάλι

colher de chá

κουταλάκι του τσαγιού

guardanapo

πετσέτα φαγητού

copo

ποτήρι

prato
....
πιάτο

prato de sopa
....
πιάτο σούπας

pires
....
πιατάκι φλιτζανιού

molho
....
σάλτσα

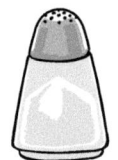

saleiro
....
αλατιέρα

moedor de pimenta
....
μύλος για πιπέρι

vinagre
....
ξύδι

óleo
....
λάδι

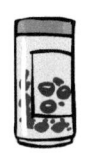

especiarias
....
μπαχαρικά

ketchup
....
κέτσαπ

mostarda
....
μουστάρδα

maionese
....
μαγιονέζα

supermercado

σούπερ μάρκετ

oferta especial
προσφορά
FOR
cliente
πελάτης
laticínios
γαλακτοκομικά προϊόντα
frutas
φρούτα
carrinho de compras
καρότσι για ψώνια

BUTCHERS

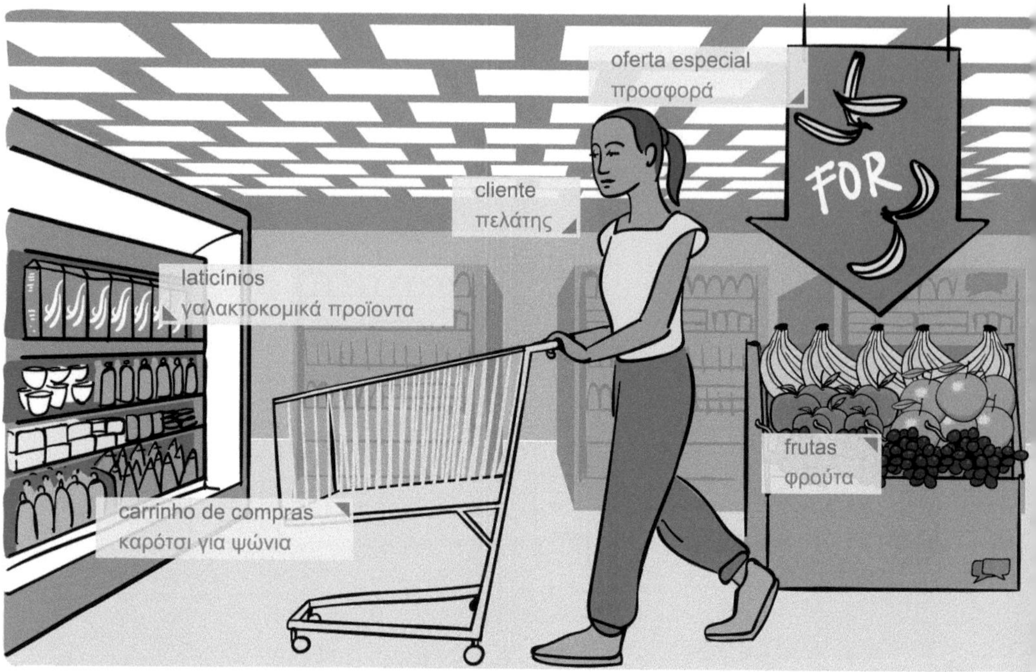

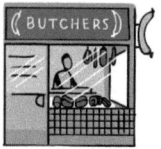

açougue

κρεοπωλείο

BAKERY

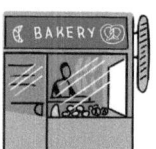

padaria

φούρνος

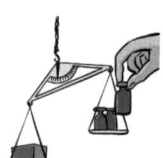

pesar

ζυγίζω

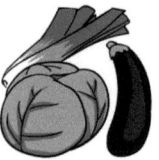

legumes

λαχανικά

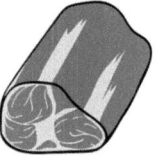

carne

κρέας

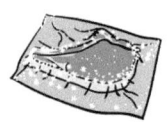

congelados

κατεψυγμένα τρόφιμα

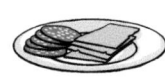

charcutaria

αλλαντικά

conservas

κονσερβοποιημένη τροφή

detergente em pó

απορρυπαντικό ρούχων

doces

γλυκά

artigos domésticos

οικιακά είδη

produtos de limpeza

καθαριστικά προϊόντα

vendedora

πωλήτρια

caixa

ταμείο

caixa

ταμίας

lista de compras

λίστα για ψώνια

horário de funcionamento

ωράριο λειτουργίας

carteira

πορτοφόλι

cartão de crédito

πιστωτική κάρτα

sacola

τσάντα

saco plástico

πλαστική σακούλα

água

νερό

suco

χυμός

leite

γάλα

coca-cola

κόκα κόλα

vinho

κρασί

cerveja

μπίρα

álcool

αλκοόλ

cacau

κακάο

chá

τσάι

café

καφές

expresso

εσπρέσο

cappuccino

καπουτσίνο

banana

μπανάνα

maçã

μήλο

laranja

πορτοκάλι

melão

πεπόνι

limão

λεμόνι

cenoura

καρότο

alho

σκόρδο

bambu

μπαμπού

cebola

κρεμμύδι

cogumelo

μανιτάρι

nozes

ξηροί καρποί

macarrão

νουντλς

espaguete

μακαρόνια

arroz

ρύζι

salada

σαλάτα

batatas fritas

πατατάκια

batatas frias

τηγανητές πατάτες

pizza

πίτσα

hambúrger

χάμπουργκερ

sanduíche

σάντουιτς

escalope

κοτολέτα

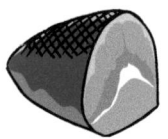

presunto

ζαμπόν

salame

σαλάμι

salsicha

λουκάνικο

galinha

κοτόπουλο

assado

ψητό

peixe

ψάρι

flocos de aveia

χυλός βρώμης

granola

μούσλι

flocos de milho

κορν φλέικς

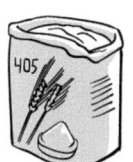

farinha

αλεύρι

croissant

κρουασάν

pãozinho

ψωμάκι

pão

ψωμί

torrada

τοστ

biscoitos

μπισκότα

manteiga

βούτυρο

requeijão

τυρόπηγμα

bolo

κέικ

ovo

αυγό

ovo frito

τηγανητό αυγό

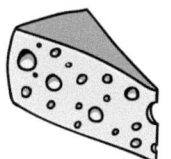

queijo

τυρί

sorvete

παγωτό

açúcar

ζάχαρη

mel

μέλι

geleia

μαρμελάδα

creme de avelãs

άλλειμμα σοκολάτας

curry

κάρυ

fazenda
αγρόκτημα

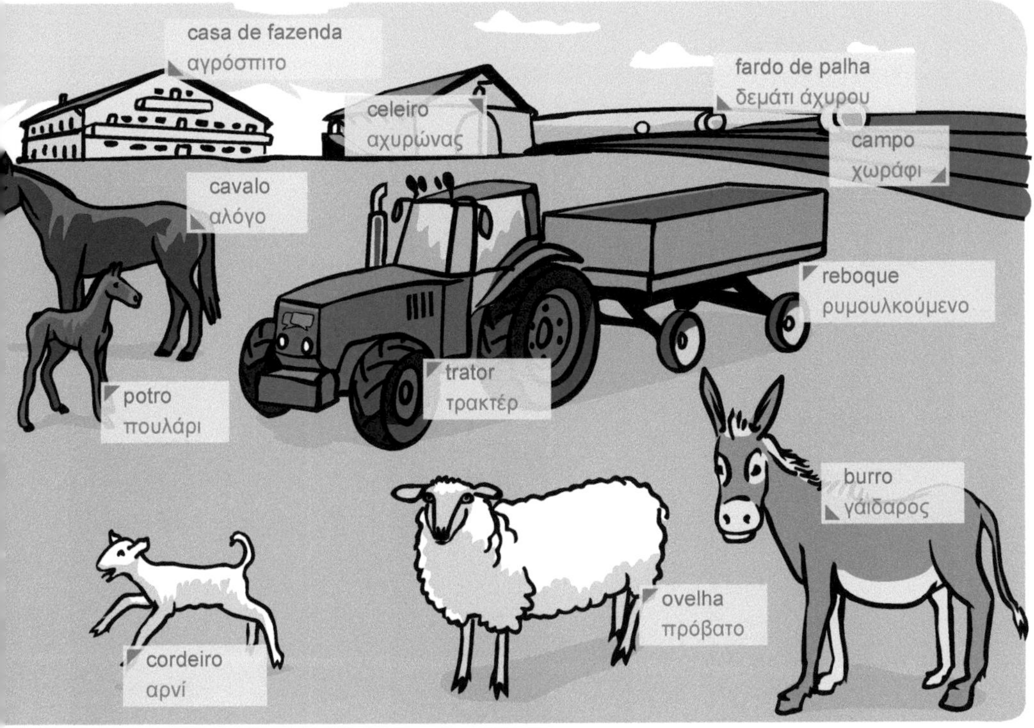
casa de fazenda
αγρόσπιτο
celeiro
αχυρώνας
fardo de palha
δεμάτι άχυρου
campo
χωράφι
cavalo
αλόγο
reboque
ρυμουλκούμενο
trator
τρακτέρ
potro
πουλάρι
burro
γάιδαρος
ovelha
πρόβατο
cordeiro
αρνί

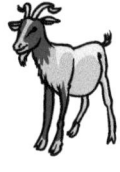

cabra
κατσίκα

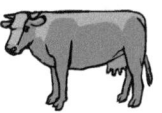

vaca
αγελάδα

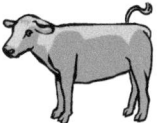

bezerro
μοσχαράκι

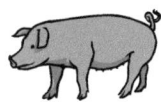

porco
γουρούνι

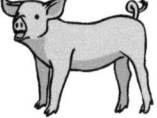

leitão
γουρουνάκι

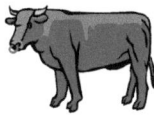

touro
ταύρος

ganso
χήνα

pato
πάπια

pintinho
κοτοπουλάκι

galinha
κότα

galo
κόκορας

ratazana
αρουραίος

gato
γάτα

camundongo
ποντίκι

boi
βόδι

cachorro
σκύλος

casinha do cachorro
σπιτάκι σκύλου

mangueira de jardim
λάστιχο κήπου

regador
ποτιστήρι

foice
θεριστήρι

arado
αλέτρι

foice

δρεπάνι

enxada

τσάπα

forquilha

δίκρανο

machado

τσεκούρι

carrinho de mão

χειράμαξα

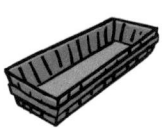

manjedoura

ταΐστρα

jarra de leite

δοχείο γάλακτος

saco

σάκος

cerca

φράχτης

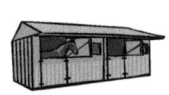

estábulo

στάβλος

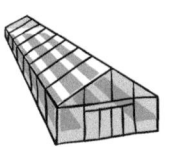

estufa

θερμοκήπιο

solo

έδαφος

semente

σπόρος

fertilizante

λίπασμα

colheitadeira

θεριζοαλωνιστική μηχανή

colher

θερίζω

colheita

συγκομιδή

inhame

γιαμς

trigo

σιτάρι

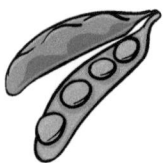

soja

σόγια

batata

πατάτα

milho

καλαμπόκι

colza

κράμβη

árvore frutífera

οπωροφόρο δέντρο

mandioca

μανιόκα

cereais

δημητριακά

casa

σπίτι

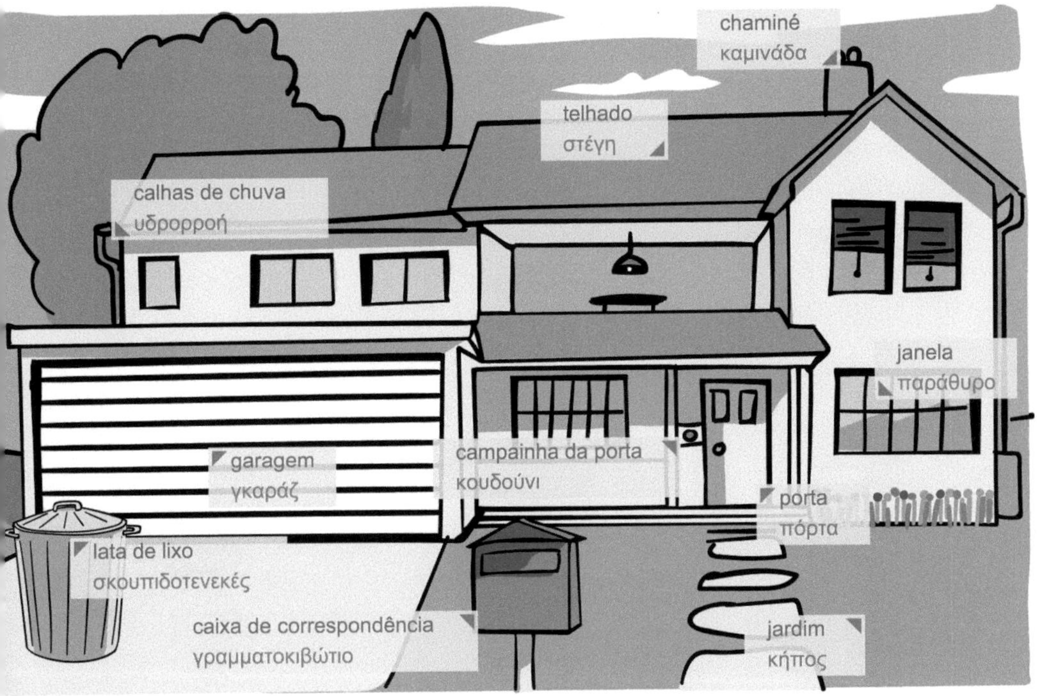
chaminé
καμινάδα
telhado
στέγη
calhas de chuva
υδρορροή
janela
παράθυρο
garagem
γκαράζ
campainha da porta
κουδούνι
porta
πόρτα
lata de lixo
σκουπιδοτενεκές
caixa de correspondência
γραμματοκιβώτιο
jardim
κήπος

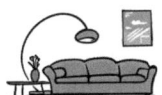

sala de estar

σαλόνι

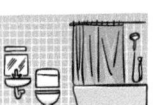

banheiro

μπάνιο

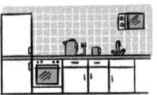

cozinha

κουζίνα

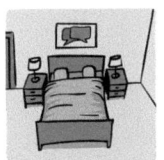

quarto de dormir

υπνοδωμάτιο

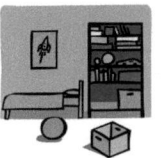

quarto de criança

παιδικό δωμάτιο

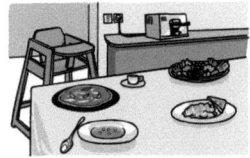

sala de jantar

τραπεζαρία

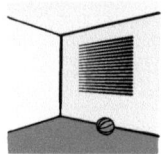

chão
πάτωμα

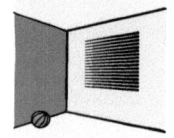

parede
τοίχος

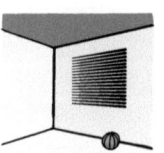

teto
οροφή

porão
κελάρι

sauna
σάουνα

varanda
μπαλκόνι

terraço
βεράντα

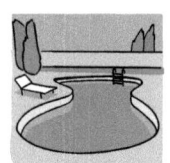

piscina
πισίνα

cortador de grama
μηχανή του γκαζόν

lençol
σεντόνι

coberta
κάλυμμα κρεβατιού

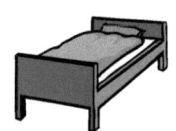

cama
κρεβάτι

vassoura
σκούπα

balde
κουβάς

interruptor
διακόπτης

casa - σπίτι

sala de estar
σαλόνι

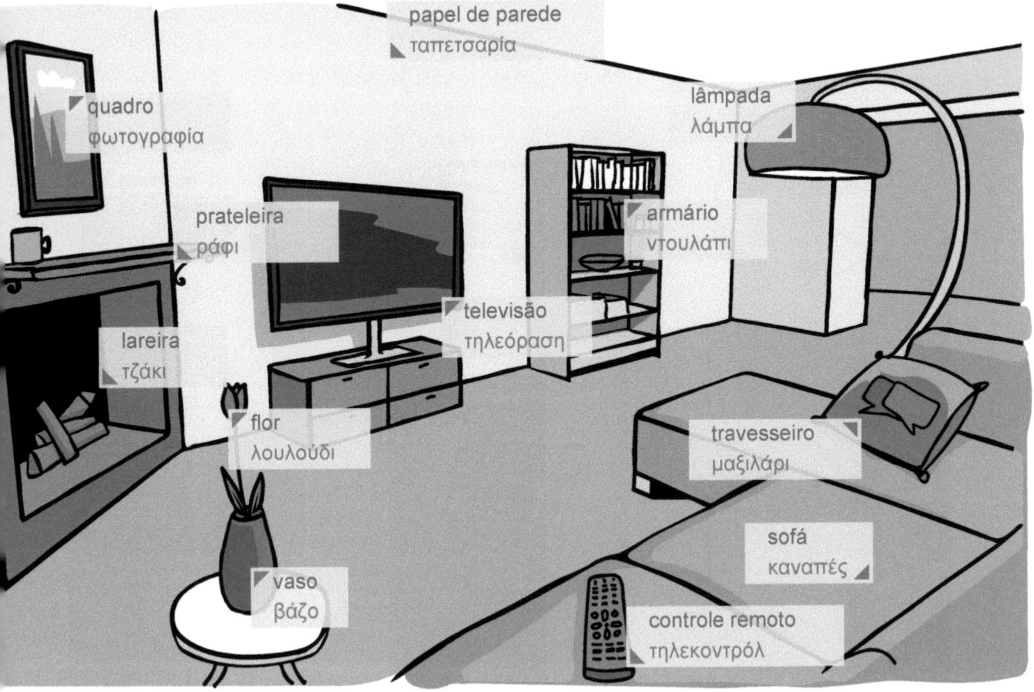
papel de parede
ταπετσαρία
quadro
φωτογραφία
lâmpada
λάμπα
prateleira
ράφι
armário
ντουλάπι
televisão
τηλεόραση
lareira
τζάκι
flor
λουλούδι
travesseiro
μαξιλάρι
sofá
καναπές
vaso
βάζο
controle remoto
τηλεκοντρόλ

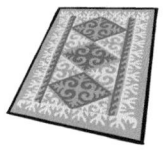

tapete

χαλί

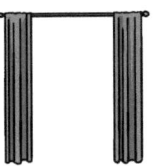

cortina

κουρτίνα

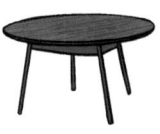

mesa

τραπέζι

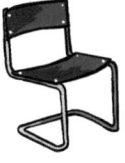

cadeira

καρέκλα

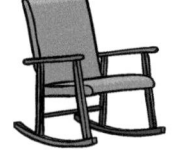

cadeira de balanço

κουνιστή πολυθρόνα

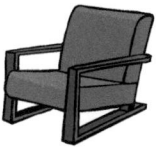

poltrona

πολυθρόνα

livro

βιβλίο

cobertor

κουβέρτα

decoração

διακόσμηση

lenha

καυσόξυλα

filme

ταινία

equipamento de som

στερεοφωνικό σύστημα

chave

κλειδί

jornal

εφημερίδα

pintura

πίνακας ζωγραφικής

pôster

αφίσα

rádio

ραδιόφωνο

bloco de notas

σημειωματάριο

aspirador

ηλεκτρική σκούπα

cacto

κάκτος

vela

κερί

cozinha

κουζίνα

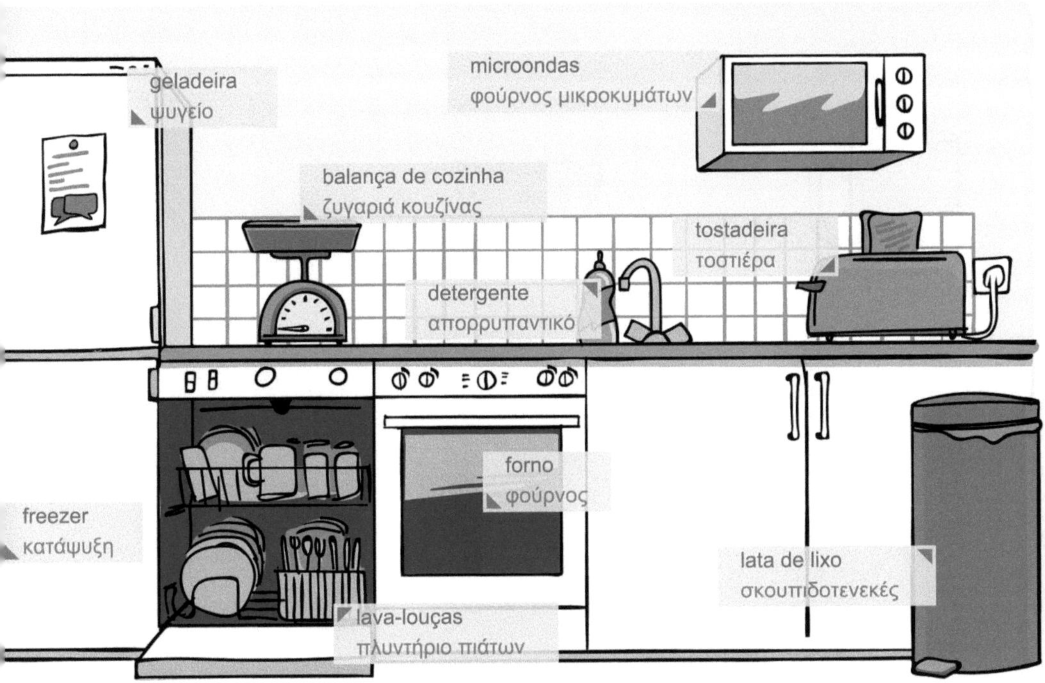

geladeira
ψυγείο
microondas
φούρνος μικροκυμάτων
balança de cozinha
ζυγαριά κουζίνας
tostadeira
τοστιέρα
detergente
απορρυπαντικό
forno
φούρνος
freezer
κατάψυξη
lata de lixo
σκουπιδοτενεκές
lava-louças
πλυντήριο πιάτων

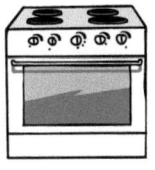

fogão

κουζίνα

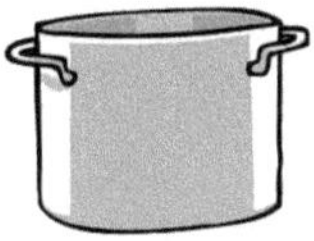

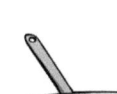

panela

κατσαρόλα

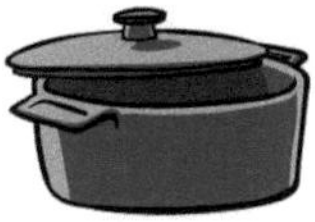

panela de ferro

μαντεμένια κατσαρόλα

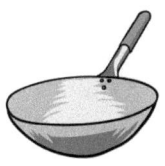

wok / kadai

γουόκ/καντάι

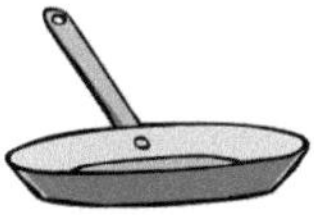

frigideira

τηγάνι

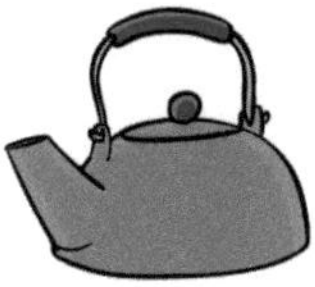

chaleira

βραστήρας

panela a vapor

ατμομάγειρας

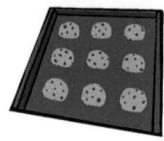

tabuleiro de forno

ταψί

louça

πιατικά

caneca

κούπα

caçarola

μπολ

hashi

ξυλάκια

concha de sopa

κουτάλα

espátula

σπάτουλα

batedor

ανακατεύω

escorredor

σουρωτήρι

peneira

σουρωτηράκι

ralador

τρίφτης

almofariz

γουδί

churrasqueira

ψησταριά

lareira

ανοιχτή φωτιά

tábua de cortar

σανίδα κοπής

rolo da massa

πλάστης

saca-rolhas

ανοιχτήρι φελλών

lata

κονσέρβα

abridor de latas

ανοιχτήρι κονσέρβας

pegador de panela

γάντι φούρνου

pia

νεροχύτης

escova

βούρτσα

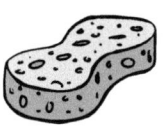

esponja

σφουγγάρι

liquidificador

μπλέντερ

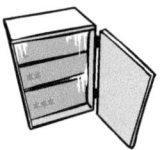

congelador

καταψύκτης

mamadeira

μπιμπερό

torneira

βρύση

banheiro
μπάνιο

aquecimento
θέρμανση
ducha
ντους
toalha
πετσέτα
cortina de chuveiro
κουρτίνα ντουζ
banho de espuma
αφρόλουτρο
banheira
μπανιέρα
copo
ποτήρι
lava-roupa
πλυντήριο ρούχων
torneira
βρύση
azulejos
πλακάκια
penico
γιογιό
pia
νεροχύτης

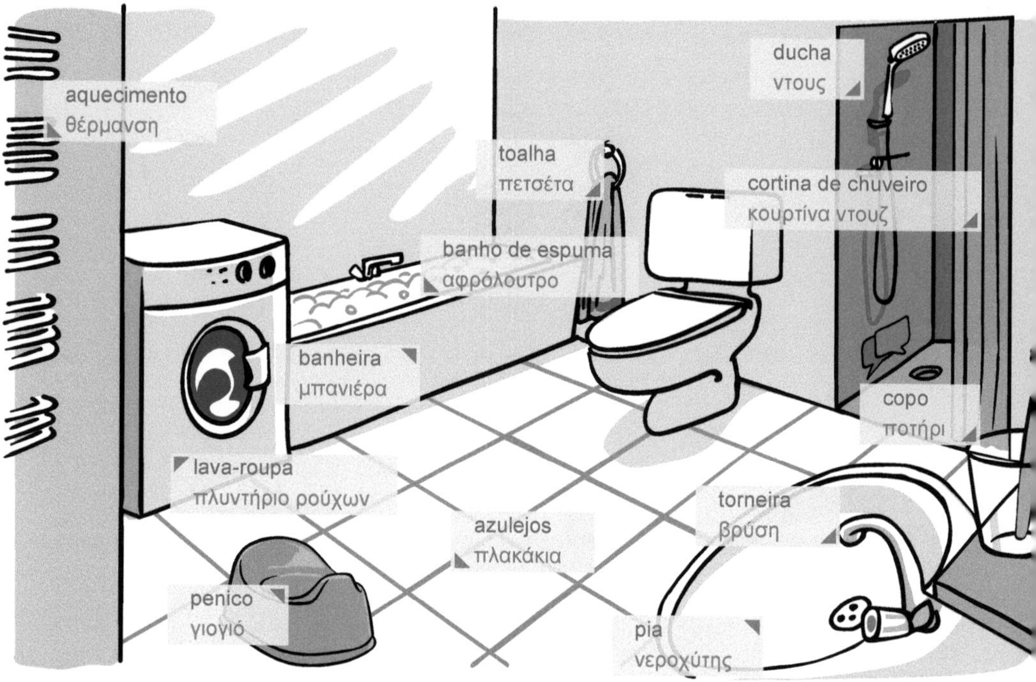

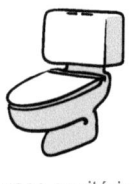

vaso sanitário

τουαλέτα

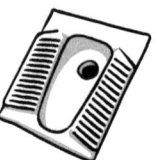

lavabo de agachar

τούρκικη τουαλέτα

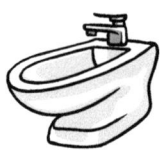

bidê

μπιντές

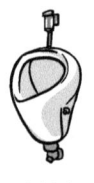

mictório

ουρητήριο

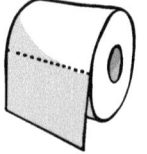

papel higiênico

χαρτί υγείας

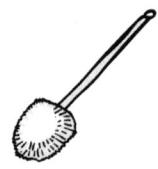

escova de privada

πιγκάλ

escova de dentes

οδοντόβουρτσα

pasta de dentes

οδοντόκρεμα

fio dental

οδοντικό νήμα

lavar

πλένω

ducha de mão

τηλέφωνο ντους

ducha íntima

ντουσιέρα

bacia

λεκάνη

escova para as costas

βούρτσα πλάτης

sabonete

σαπούνι

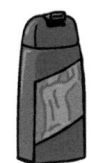

gel de banho

αφρόλουτρο

xampu

σαμπουάν

toalha de rosto

φανέλα

escoamento

σιφόνι

creme

κρέμα

desodorante

αποσμητικό

banheiro - μπάνιο

espelho

καθρέφτης

espelho de mão

καθρέφτης χειρός

barbeador

ξυραφάκι

espuma de barbear

αφρός ξυρίσματος

loção pós-barba

αφτερσέιβ

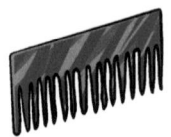

pente

χτένα

escova

βούρτσα

secador de cabelo

σεσουάρ

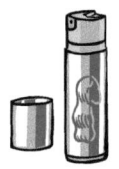

spray de cabelo

λακ

maquiagem

μακιγιάζ

batom

κραγιόν

esmalte de unhas

βερνίκι νυχιών

algodão

βαμβάκι

tesoura para unhas

ψαλίδι νυχιών

perfume

άρωμα

nécessaire
νεσεσέρ

banquinho
σκαμπό

balança
ζυγαριά

roupão de banho
μπουρνούζι

luvas de borracha
ελαστικά γάντια

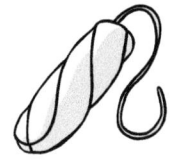

absorvente interno
ταμπόν

absorvente íntimo
πετσέτα υγιεινής

banheiro químico
χημική τουαλέτα

quarto de criança
παιδικό δωμάτιο

despertador
ξυπνητήρι
boneco de pelúcia
λούτρινο ζωάκι
carrinho de brinquedo
αυτοκινητάκι
chacoalho
κουδουνίστρα
casa de bonecas
κουκλόσπιτο
presente
δώρο

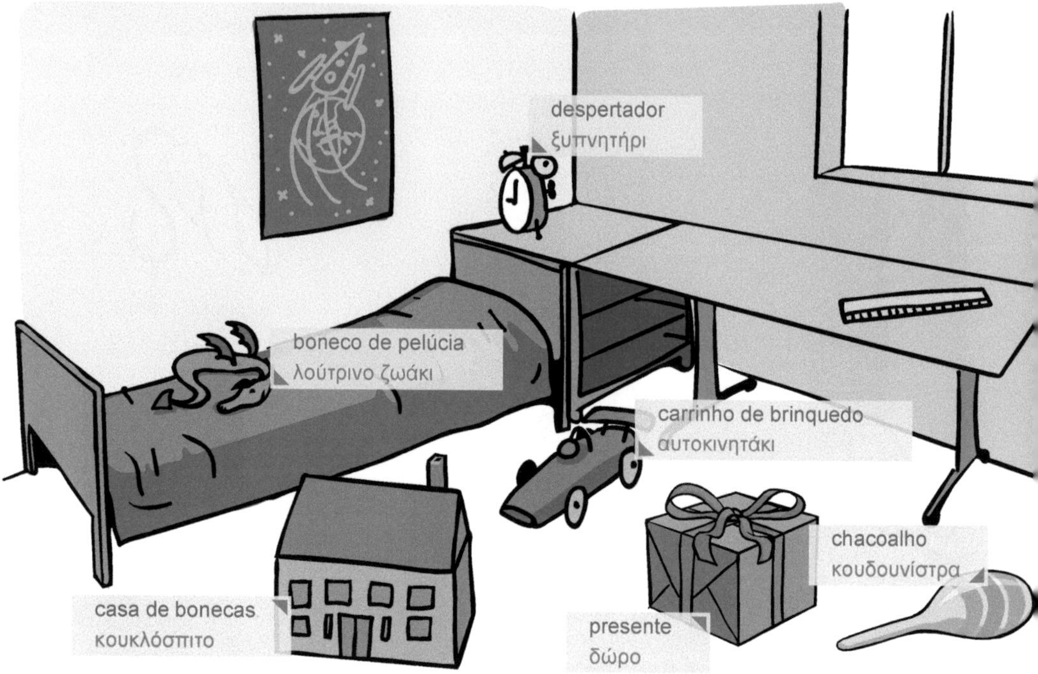

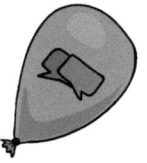

balão
μπαλόνι

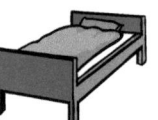

cama
κρεβάτι

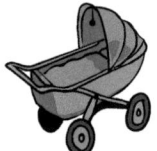

carrinho de bebê
καροτσάκι

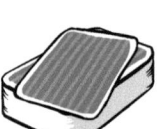

jogo de cartas
τράπουλα

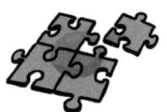

quebra-cabeças
παζλ

SUPER MEGA

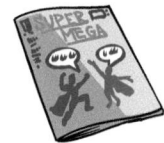

revista de quadrinhos
κόμικς

peças de Lego

τουβλάκια lego

blocos de construção

τουβλάκια κατασκευών

figura de ação

φιγούρα δράσης

macaquinho de bebê

βρεφικό φορμάκι

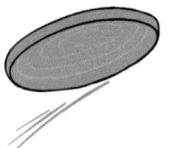

frisbee

φρίσμπι

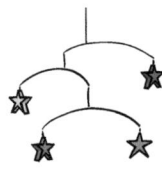

móbile para bebé

μόμπιλο

jogo de tabuleiro

επιτραπέζιο παιχνίδι

dados

ζάρια

trenzinho elétrico

σετ τρενάκι

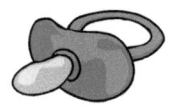

chupeta

πιπίλα

festa

πάρτι

livro ilustrado

εικονογραφημένο βιβλίο

bola

μπάλα

boneca

κούκλα

brincar

παίζω

caixa de areia

σκάμμα με άμμο

balanço

κούνια

brinquedos

παιχνίδια

videogame

κονσόλα βιντεοπαιχνιδιών

triciclo

τρίκυκλο

ursinho de pelúcia

αρκουδάκι

guarda-roupa

ντουλάπα

vestuário

ρούχα

meias

κάλτσες

meias pelo joelho

καλτσοδέτες

meias-calças

καλσόν

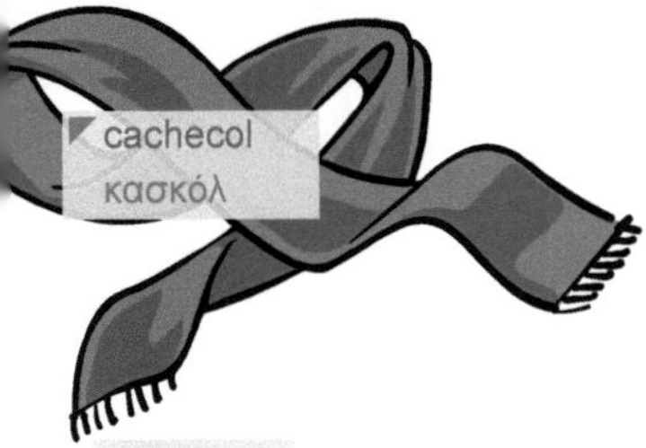

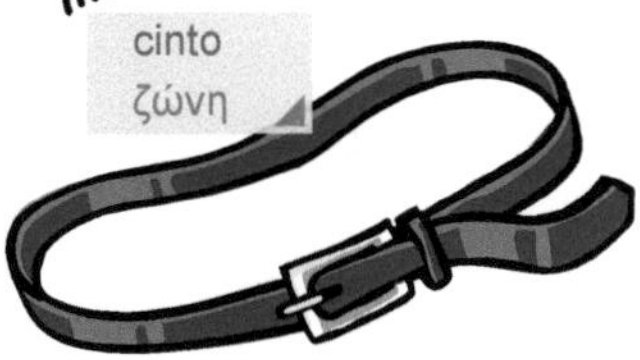

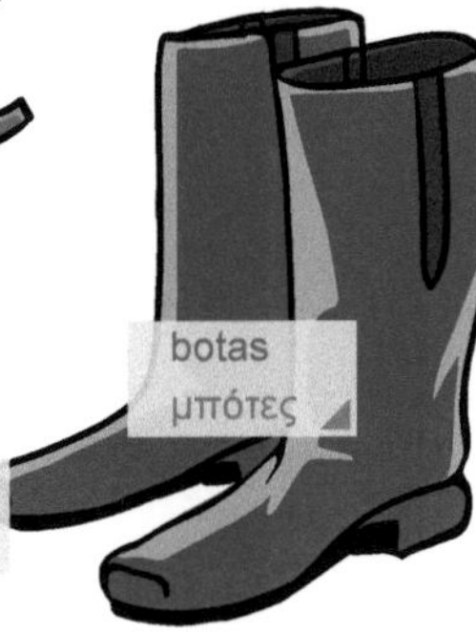

cachecol
κασκόλ

guarda-chuva
ομπρέλα

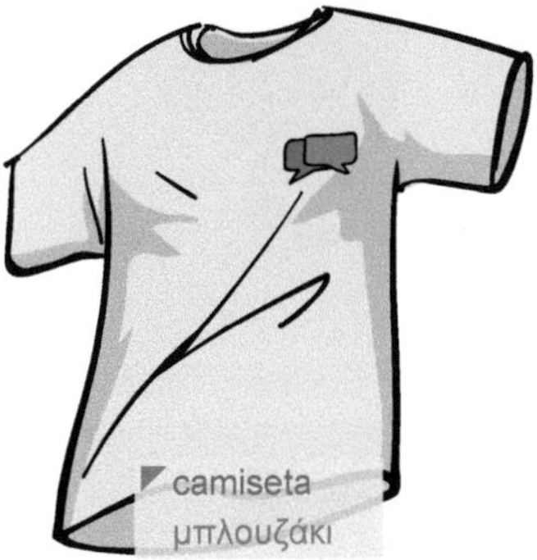

cinto
ζώνη

camiseta
μπλουζάκι

tênis
αθλητικά παπούτσια

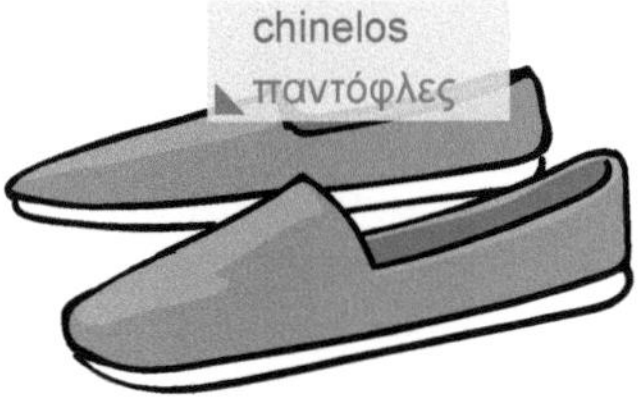

botas
μπότες

chinelos
παντόφλες

sandálias
σανδάλια

sapatos
παπούτσια

botas de borracha
γαλότσες

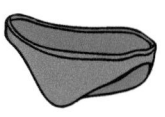

roupa de baixo
εσώρουχο

sutiã
σουτιέν

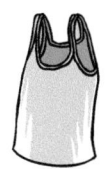

camiseta de baixo
φανέλα

body

σώμα

calças

παντελόνι

jeans

τζιν παντελόνι

saia

φούστα

blusa

μπλούζα

camisa

πουκάμισο

pulôver

πουλόβερ

suéter com capuz

πουλόβερ

blazer

σακάκι

jaqueta

μπουφάν

casaco

παλτό

gabardine

αδιάβροχο πανωφόρι

traje

κοστούμι

vestido

φόρεμα

vestido de casamento

νυφικό

terno

κοστούμι

camisola

νυχτικό

pijama

πιτζάμες

sari

σάρι

lenço de cabeça

μαντήλι

turbante

τουρμπάνι

burca

μπούρκα

cafetã

καφτάνι

abaya

μουσουλμανικό ένδυμα

maiô

ολόσωμο μαγιό

sunga

ανδρικό μαγιό

shorts

σορτς

roupa de treino

αθλητική φόρμα

avental

ποδιά

luvas

γάντια

botão

κουμπί

óculos

γυαλιά

pulseira

βραχιόλι

colar

περιδέραιο

anel

δαχτυλίδι

brinco

σκουλαρίκι

boné

καπέλο

cabide

κρεμάστρα

chapéu

καπέλο

gravata

γραβάτα

zíper

φερμουάρ

capacete

κράνος

suspensórios

τιράντες

uniforme escolar

μαθητική στολή

uniforme

στολή

babador

σαλιάρα

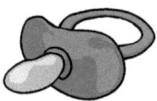

chupeta

πιπίλα

fralda

πάνα

escritório
γραφείο

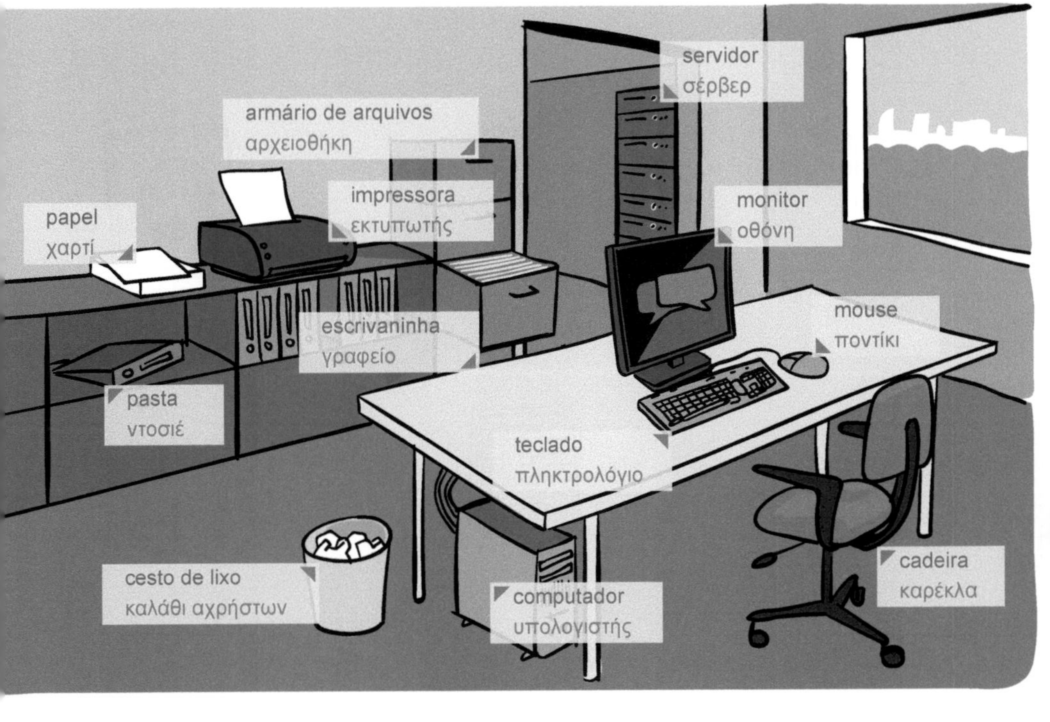

servidor
σέρβερ

armário de arquivos
αρχειοθήκη

impressora
εκτυπωτής

monitor
οθόνη

papel
χαρτί

escrivaninha
γραφείο

mouse
ποντίκι

pasta
ντοσιέ

teclado
πληκτρολόγιο

cesto de lixo
καλάθι αχρήστων

computador
υπολογιστής

cadeira
καρέκλα

xícara de café

κούπα του καφέ

calculadora

κομπιουτεράκι

internet

ίντερνετ

escritório - γραφείο

49

laptop

λάπτοπ

carta

γράμμα

mensagem

μήνυμα

celular

κινητό

rede

δίκτυο

copiadora

φωτοτυπικό μηχάνημα

software

λογισμικό

telefone

τηλέφωνο

tomada

πρίζα

fax

συσκευή φαξ

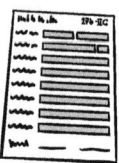

formulário

έντυπο

documento

έγγραφο

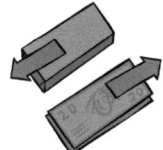

comprar

αγοράζω

pagar

πληρώνω

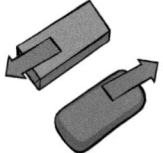

negociar

συναλλάσσομαι

dinheiro

χρήματα

Dólar

δολάριο

Euro

ευρώ

Yen

γιεν

rublo

ρούβλι

franco suíço

ελβετικό φράγκο

renminbi yuan

ρενμίνμπι γιουάν

rupia

ρουπία

caixa eletrônico

ATM (αυτόματη ταμειακή μηχανή)

casa de câmbio

ανταλλακτήρια συναλλάγματος

ouro

χρυσός

prata

ασήμι

petróleo

πετρέλαιο

energia

ενέργεια

preço

τιμή

contrato

συμβόλαιο

imposto

φόρος

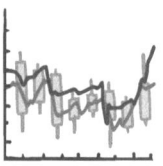

ação

μετοχή

trabalhar

δουλεύω

empregado

υπάλληλος

empregador

εργοδότης

fábrica

εργοστάσιο

loja

κατάστημα

profissões
επαγγέλματα

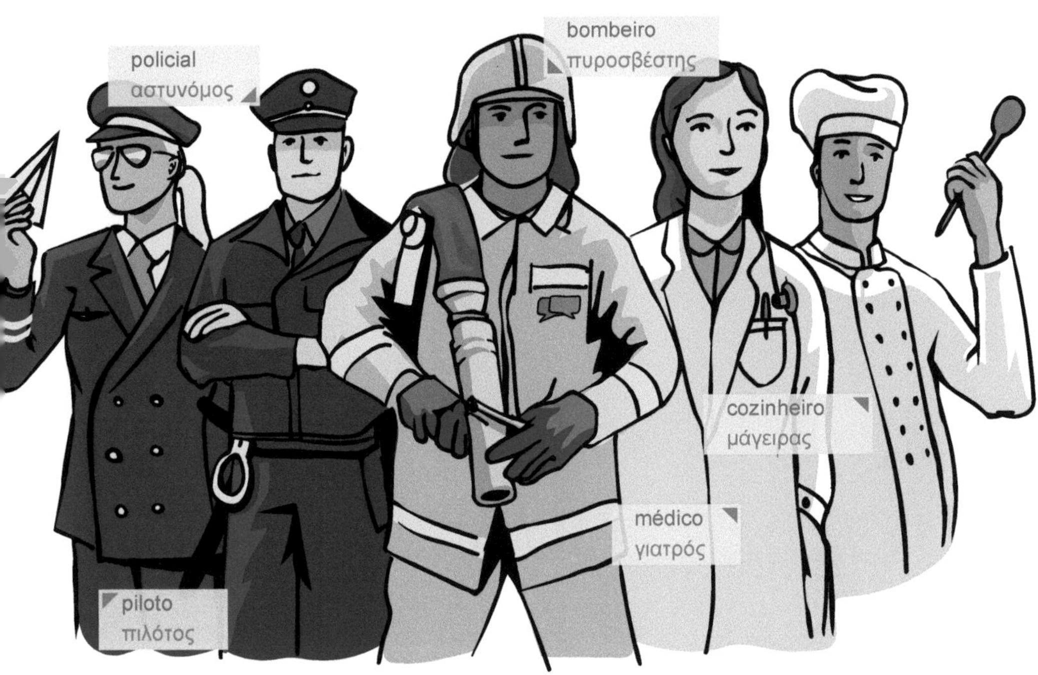
policial
αστυνόμος
bombeiro
πυροσβέστης
cozinheiro
μάγειρας
médico
γιατρός
piloto
πιλότος

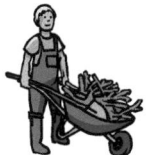

jardineiro
κηπουρός

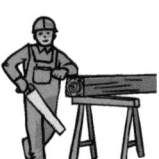

marceneiro
ξυλουργός

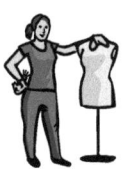

costureira
μοδίστρα

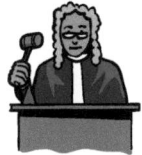

juiz
δικαστής

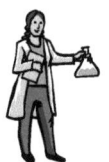

químico
χημικός

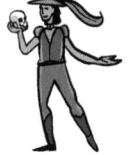

ator
ηθοποιός

motorista de ônibus

οδηγός λεωφορείου

motorista de táxi

ταξιτζής

pescador

ψαράς

faxineira

καθαρίστρια

telhador

τεχνίτης στεγών

garçom

σερβιτόρος

caçador

κυνηγός

pintor

ζωγράφος

padeiro

αρτοποιός

eletricista

ηλεκτρολόγος

construtor

οικοδόμος

engenheiro

μηχανολόγος

açougueiro

κρεοπώλης

encanador

υδραυλικός

carteiro

ταχυδρόμος

soldado

στρατιώτης

arquiteto

αρχιτέκτονας

caixa

ταμίας

florista

ανθοπώλης

cabelereiro

κομμωτής

condutor

ελεγκτής εισιτηρίων

mecânico

μηχανικός

capitão

καπετάνιος

dentista

οδοντίατρος

cientista

επιστήμονας

rabino

ραβίνος

imam

ιμάμης

monge

μοναχός

pastor

ιερέας

profissões - επαγγέλματα

ferramentas

εργαλεία

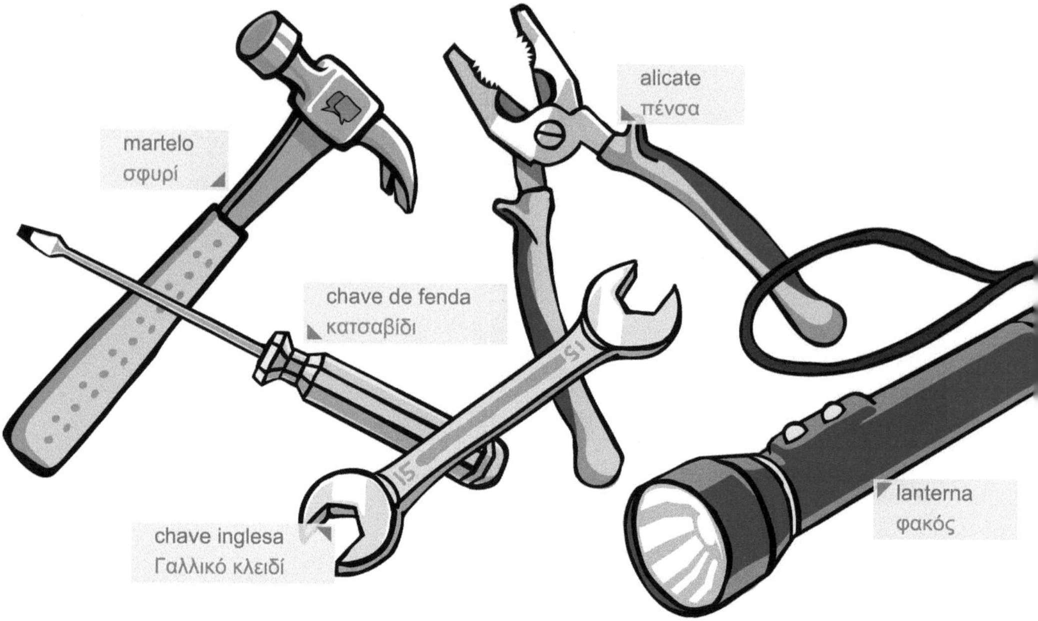
martelo
σφυρί
alicate
πένσα
chave de fenda
κατσαβίδι
lanterna
φακός
chave inglesa
Γαλλικό κλειδί

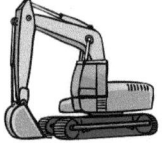

escavadora

εκσκαφέας

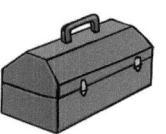

caixa de ferramentas

εργαλειοθήκη

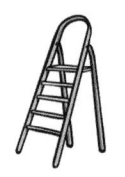

escada de mão

σκάλα

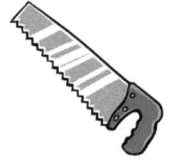

serra

πριόνι

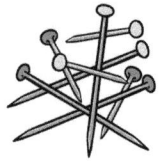

pregos

καρφιά

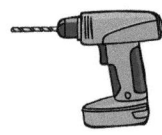

furadeira

τρυπάνι

consertar

επισκευάζω

pá

φτυάρι

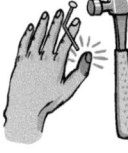

Droga!

Να πάρει!

pá de lixo

φαράσι

pote de tinta

δοχείο χρωμάτων

parafusos

βίδες

instrumentos musicais
μουσικά όργανα

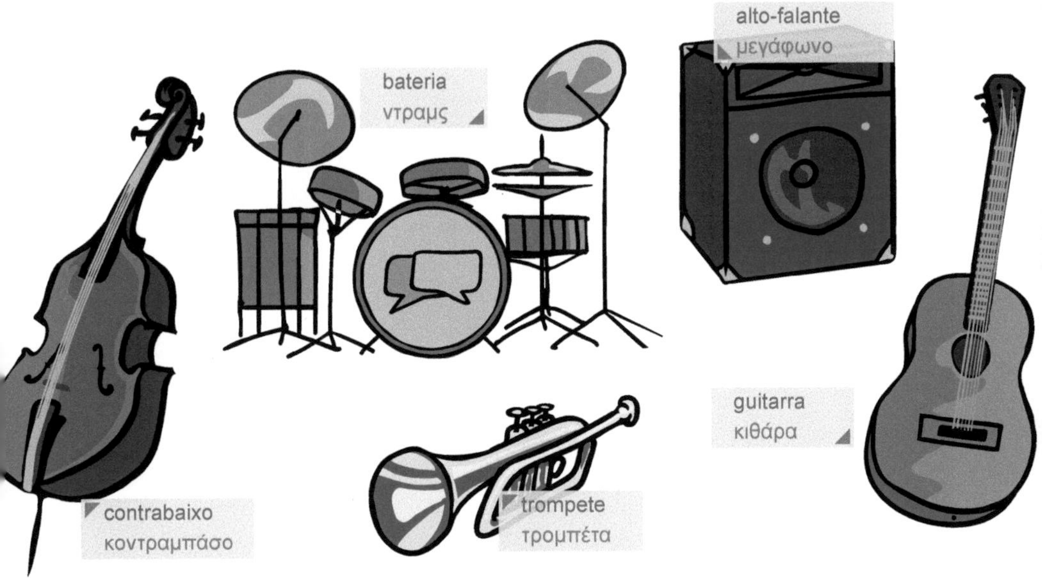

bateria
ντραμς

alto-falante
μεγάφωνο

guitarra
κιθάρα

contrabaixo
κοντραμπάσο

trompete
τρομπέτα

piano

πιάνο

violino

βιολί

baixo

μπάσο

timbales

τύμπανα

tambor

τύμπανο

teclado

πλήκτρα

saxofone

σαξόφωνο

flauta

φλάουτο

microfone

μικρόφωνο

zoológico
ζωολογικός κήπος

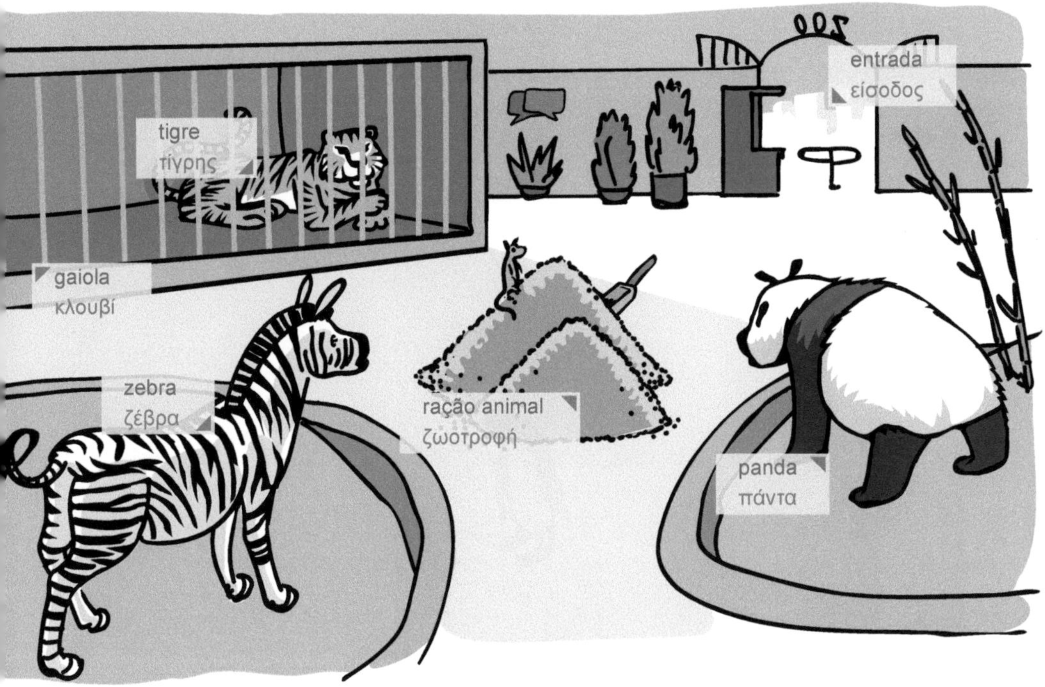

tigre
τίγρης
entrada
είσοδος
gaiola
κλουβί
zebra
ζέβρα
ração animal
ζωοτροφή
panda
πάντα

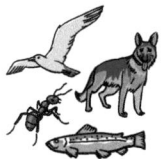

animais

ζώα

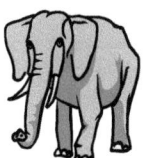

elefante

ελέφαντας

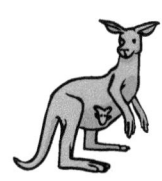

canguru

καγκουρό

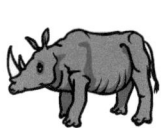

rinoceronte

ρινόκερος

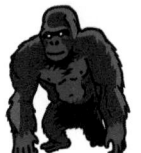

gorila

γορίλας

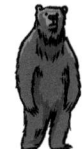

urso

αρκούδα

camelo

καμήλα

avestruz

στρουθοκάμηλος

leão

λιοντάρι

macaco

πίθηκος

flamingo

φλαμίνγκο

papagaio

παπαγάλος

urso polar

πολική αρκούδα

pinguim

πιγκουίνος

tubarão

καρχαρίας

pavão

παγώνι

cobra

φίδι

crocodilo

κροκόδειλος

guarda do zoológico

φύλακας ζωολογικού κήπου

foca

φώκια

jaguar

τζάγκουαρ

pônei

πόνυ

leopardo

λεοπάρδαλη

hipopótamo

ιπποπόταμος

girafa

καμηλοπάρδαλη

águia

αετός

javali

αγριογούρουνο

peixe

ψάρι

tartaruga

χελώνα

morsa

θαλάσσιος ίππος

raposa

αλεπού

gazela

γαζέλα

futebol americano
Αμερικάνικο ποδόσφαιρο

ciclismo
ποδηλασία

tênis
αντισφαίριση

basquete
μπάσκετ

natação
κολύμβηση

boxe
πυγμαχία

hóquei no gelo
χόκεϋ επί πάγου

futebol
....
ποδόσφαιρο

badminton
....
μπάντμιντον

atletismo
....
στίβος

handebol
....
χάντμπολ

esqui
....
σκι

polo
....
πόλο

atividades
δραστηριότητες

rir
γελάω
pular
πηδάω
abraçar
αγκαλιάζω
andar
περπατάω
cantar
τραγουδάω
sonhar
ονειρεύομαι
rezar
προσεύχομαι
beijar
φιλάω

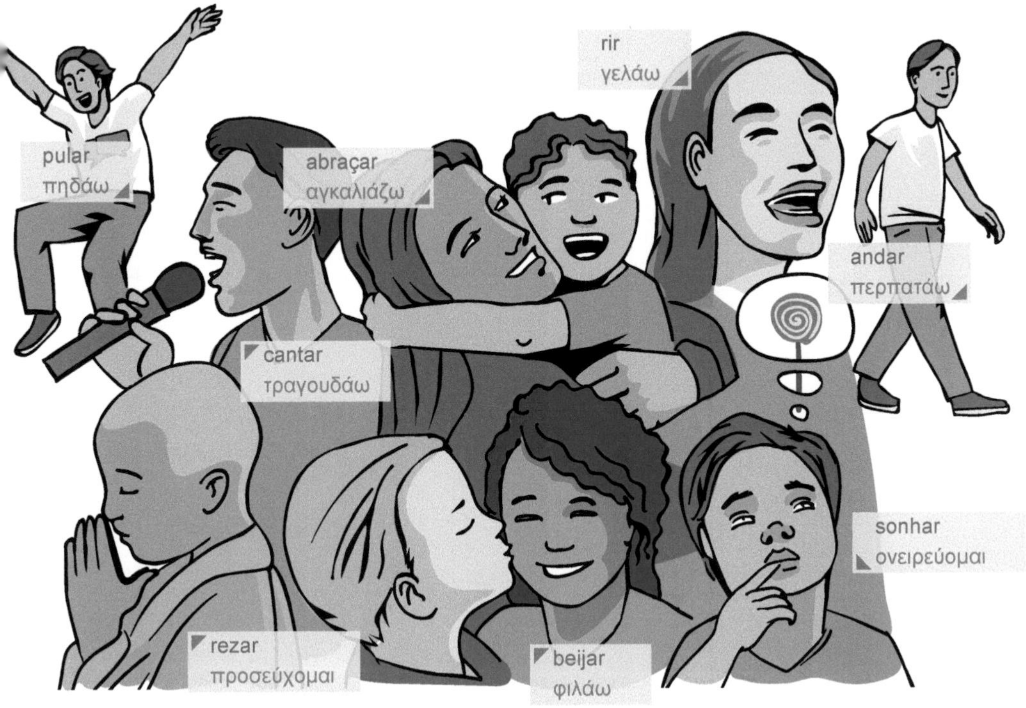

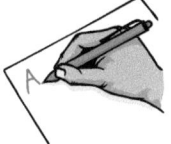

escrever

γράφω

desenhar

σχεδιάζω

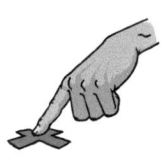

mostrar

δείχνω

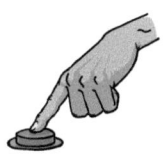

empurrar

πιέζω

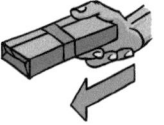

dar

δίνω

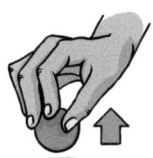

tomar

παίρνω

ter

έχω

fazer

κάνω

ser

είμαι

ficar de pé

στέκομαι

correr

τρέχω

puxar

τραβάω

jogar

ρίχνω

cair

πέφτω

deitar

ξαπλώνω

esperar

περιμένω

carregar

κουβαλώ

sentar

κάθομαι

vestir

φοράω

dormir

κοιμάμαι

despertar

ξυπνάω

olhar para

κοιτάω

chorar

κλαίω

acariciar

χαϊδεύω

pentear

χτενίζω

falar

μιλάω

entender

καταλαβαίνω

perguntar

ρωτάω

ouvir

ακούω

beber

πίνω

comer

τρώω

arrumar

συγυρίζω

amar

αγαπάω

cozinhar

μαγειρεύω

dirigir

οδηγώ

voar

πετάω

atividades - δραστηριότητες

velejar

κάνω ιστιοπλοΐα

calcular

υπολογίζω

ler

διαβάζω

aprender

μαθαίνω

trabalhar

δουλεύω

casar

παντρεύομαι

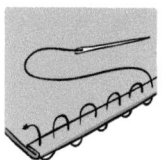

costurar

ράβω

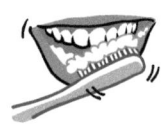

escovar os dentes

βουρτσίζω τα δόντια

matar

σκοτώνω

fumar

καπνίζω

enviar

στέλνω

família

οικογένεια

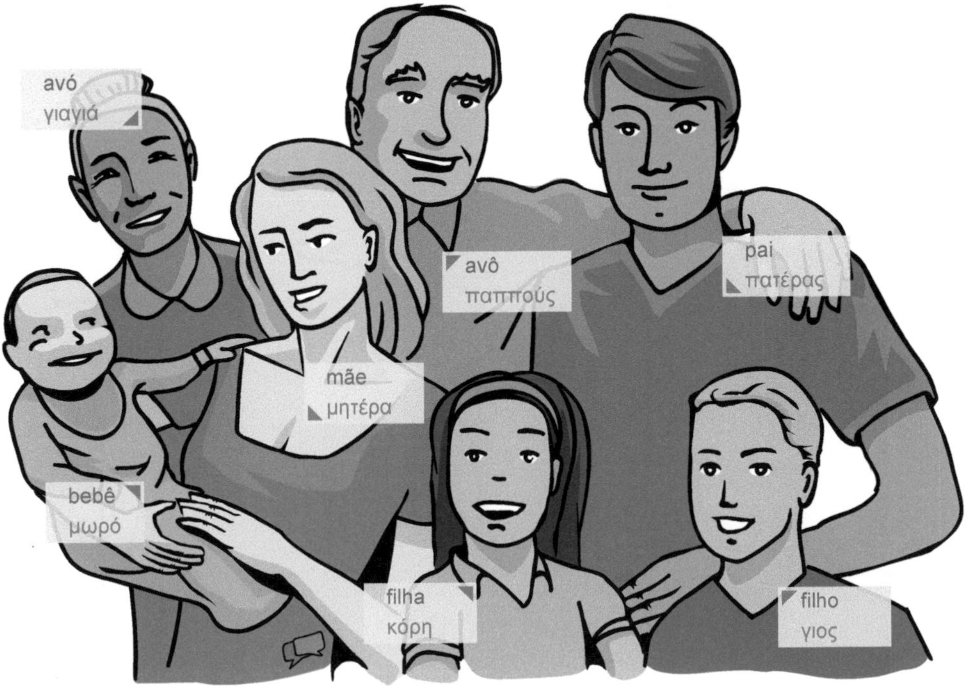
avó
γιαγιά
avô
παππούς
pai
πατέρας
mãe
μητέρα
bebê
μωρό
filha
κόρη
filho
γιος

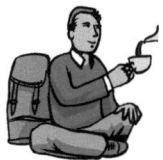

convidado

καλεσμένος

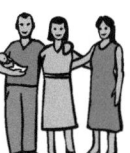

tia

θεία

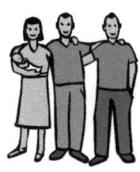

tio

θείος

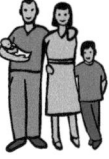

irmão

αδελφός

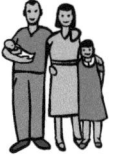

irmã

αδελφή

corpo
σώμα

testa
μέτωπο
olho
μάτι
ombro
ώμος
dedo
δάχτυλο
rosto
πρόσωπο
queixo
πιγούνι
mão
χέρι
perna
πόδι
peito
στήθος
braço
βραχίονας

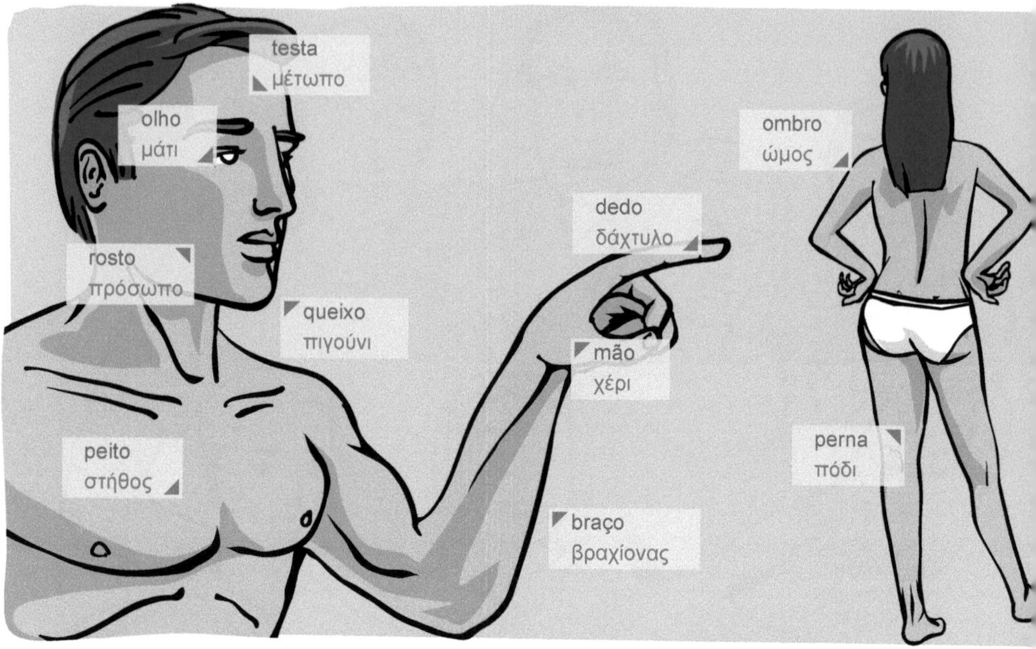

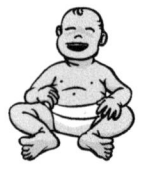

bebê

μωρό

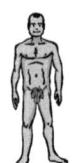

homem

άνδρας

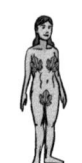

mulher

γυναίκα

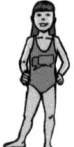

menina

κορίτσι

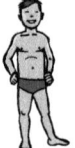

menino

αγόρι

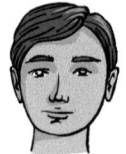

cabeça

κεφάλι

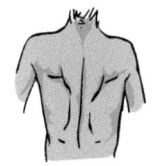

costas

πλάτη

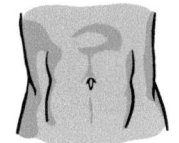

barriga

κοιλιά

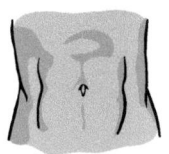

umbigo

αφαλός

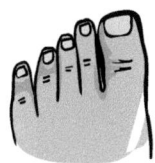

dedo do pé

δάχτυλο ποδιού

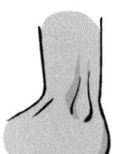

calcanhar

φτέρνα

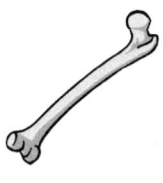

osso

κόκκαλο

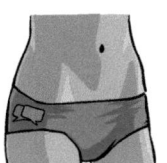

anca

γοφός

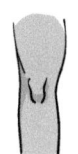

joelho

γόνατο

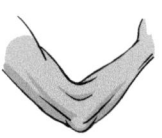

cotovelo

αγκώνας

nariz

μύτη

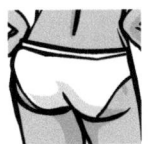

nádegas

γλουτός

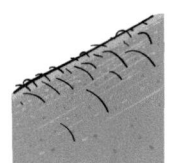

pele

δέρμα

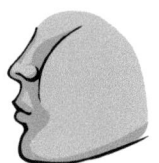

bochecha

μάγουλο

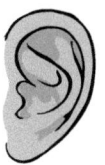

orelha

αυτί

lábio

χείλος

corpo - σώμα

boca

στόμα

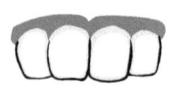

dente

δόντι

língua

γλώσσα

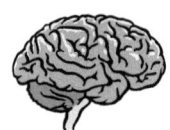

cérebro

εγκέφαλος

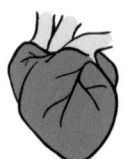

coração

καρδιά

músculo

μυς

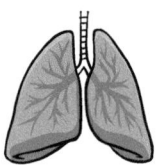

pulmão

πνεύμονας

fígado

συκώτι

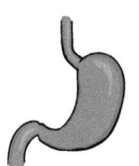

estômago

στομάχι

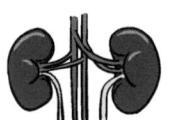

rins

νεφρά

relações sexuais

σεξουαλική επαφή

preservativo

προφυλακτικό

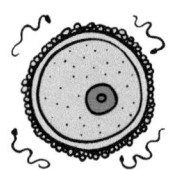

óvulo

ωάριο

esperma

σπέρμα

gravidez

εγκυμοσύνη

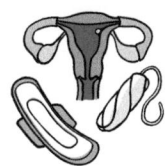

menstruação

περίοδος

vagina

γυναικείος κόλπος

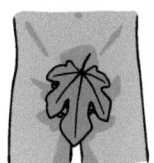

pênis

πέος

sobrancelha

φρύδι

cabelo

μαλλιά

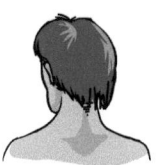

pescoço

λαιμός

hospital
νοσοκομείο

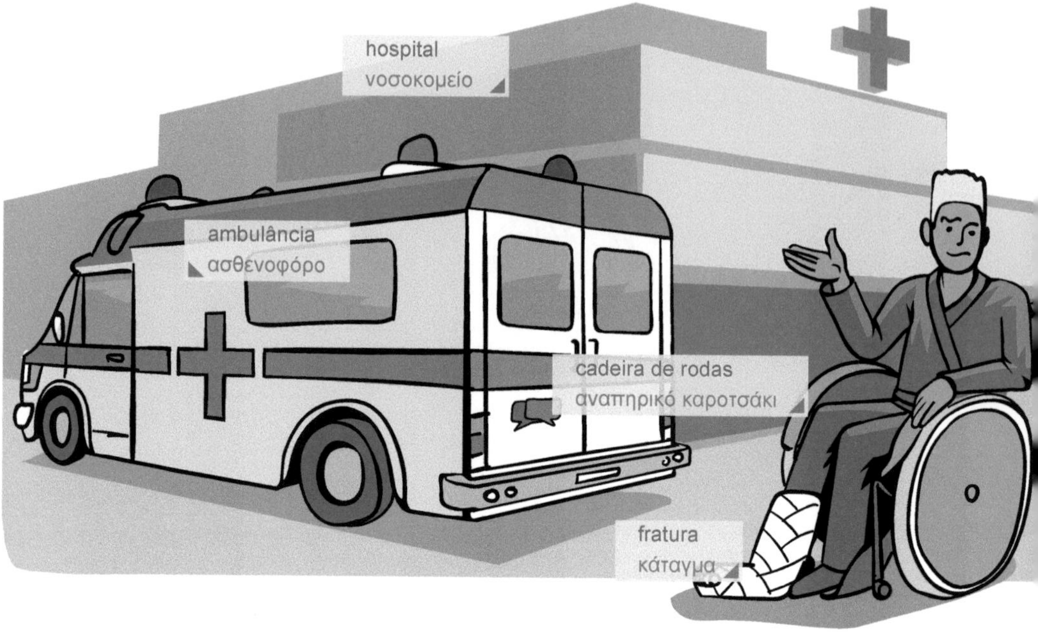

hospital
νοσοκομείο
ambulância
ασθενοφόρο
cadeira de rodas
αναπηρικό καροτσάκι
fratura
κάταγμα

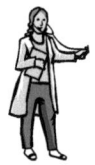

médico

γιατρός

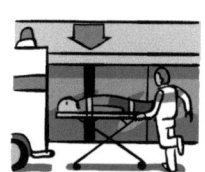

pronto-socorro

μονάδα εντατικής θεραπείας

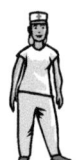

enfermeira

νοσοκόμα

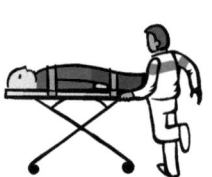

emergência

έκτακτη ανάγκη

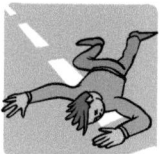

inconsciente

λιπόθυμος

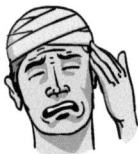

dor

πόνος

ferimento

τραύμα

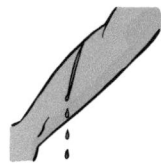

hemorragia

αιμορραγία

ataque cardíaco

έμφραγμα

cidente vacular cerebral

εγκεφαλικό

alergia

αλλεργία

tosse

βήχας

febre

πυρετός

gripe

γρίπη

diarreia

διάρροια

dor de cabeça

πονοκέφαλος

câncer

καρκίνος

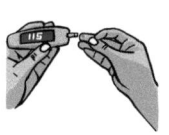

diabetes

διαβήτης

cirurgião

χειρουργός

bisturi

νυστέρι

operação

εγχείρηση

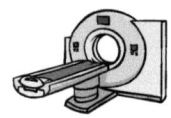

CT
αξονική τομογραφία

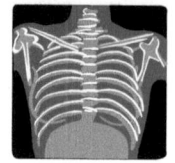

raio x
ακτινογραφία

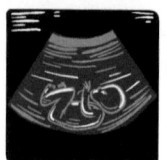

ultrassom
υπέρηχος

máscara
μάσκα

doença
ασθένεια

sala de espera
αίθουσα αναμονής

muleta
πατερίτσα

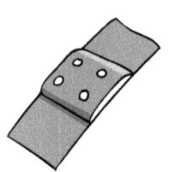

bandeide
χάνσαπλαστ

ligadura
επίδεσμος

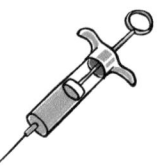

injeção
ένεση

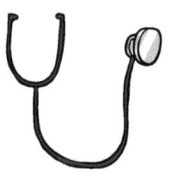

estetoscópio
στηθοσκόπιο

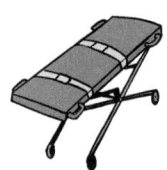

maca
φορείο

termômetro
θερμόμετρο

nascimento
γέννηση

excesso de peso
υπέρβαρο

aparelho auditivo

ακουστικό βαρηκοΐας

desinfetante

αντισηπτικό

infecção

λοίμωξη

vírus

ιός

HIV / AIDS

HIV/AIDS

medicamento

φάρμακο

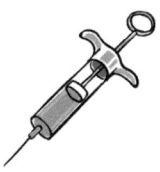

vacinação

εμβολιασμός

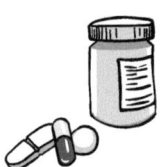

comprimidos

δισκία

pílula

χάπι

chamada de emergência

κλήση έκτακτης ανάγκης

dispositivo de medição de
pressão arterial

πιεσόμετρο αίματος

doente / saudável

άρρωστος / υγιής

hospital - νοσοκομείο

Socorro!
Βοήθεια!

alarme
συναγερμός

assalto
βιαιοπραγία

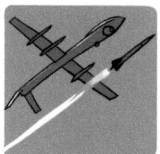

ataque
επίθεση

perigo
κίνδυνος

saída de emergência
έξοδος κινδύνου

Fogo!
Φωτιά!

extintor de incêndios
πυροσβεστήρας

acidente
ατύχημα

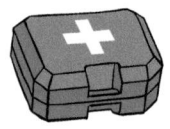

maleta de primeiros
socorros
κουτί πρώτων βοηθειών

SOS
SOS

polícia
αστυνομία

Europa

Ευρώπη

América do Norte

Βόρεια Αμερική

América do Sul

Νότια Αμερική

África

Αφρική

Ásia

Ασία

Austrália

Αυστραλία

Atlântico

Ατλαντικός Ωκεανός

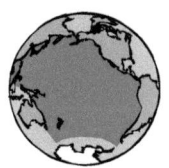

Pacífico

Ειρηνικός Ωκεανός

Oceano Índico

Ινδικός Ωκεανός

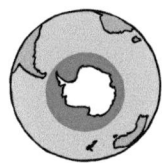

Oceano Antártico

Ανταρκτικός Ωκεανός

Oceano Ártico

Αρκτικός Ωκεανός

Polo Norte

Βόρειος Πόλος

Polo Sul

Νότιος Πόλος

Antártica

Ανταρκτική

Terra

Γη

terra

γη

mar

θάλασσα

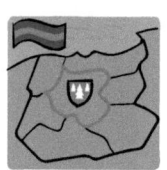

ilha

νησί

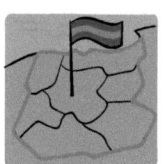

nação

έθνος

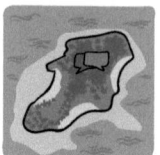

estado

πολιτεία

mostrador do relógio

καντράν ρολογιού

ponteiro das horas

ωροδείκτης

ponteiro dos minutos

λεπτοδείκτης

ponteiro dos segundos

δείκτης δευτερολέπτων

Que horas são?

Τι ώρα είναι;

dia

ημέρα

tempo

χρόνος

agora

τώρα

relógio digital

ψηφιακό ρολόι

minuto

λεπτό

hora

ώρα

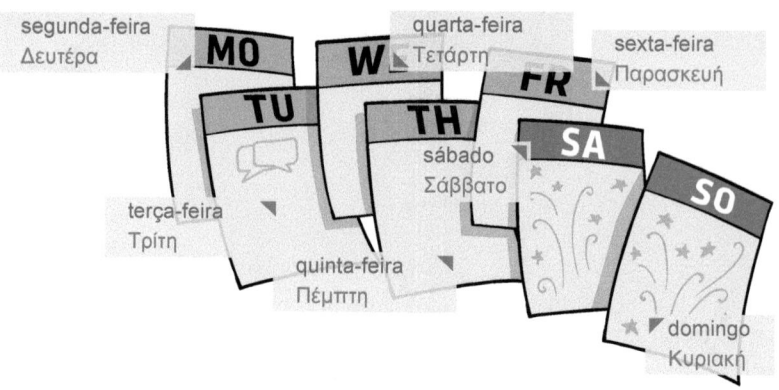

segunda-feira
Δευτέρα

quarta-feira
Τετάρτη

sexta-feira
Παρασκευή

terça-feira
Τρίτη

sábado
Σάββατο

quinta-feira
Πέμπτη

domingo
Κυριακή

ontem

χθες

hoje

σήμερα

amanhã

αύριο

manhã

πρωί

meio-dia

μεσημέρι

entardecer

βράδυ

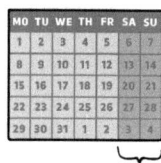

dias úteis

εργάσιμες ημέρες

fim de semana

Σαββατοκύριακο

ano

έτος

chuva
βροχή
arco-íris
ουράνιο τόξο
vento
άνεμος
neve
χιόνι
primavera
άνοιξη
outono
φθινόπωρο
verão
καλοκαίρι
inverno
χειμώνας

4.APRIL 11°
5.APRIL 4°
6.APRIL 13°
7.APRIL 8°
8.APRIL 10°

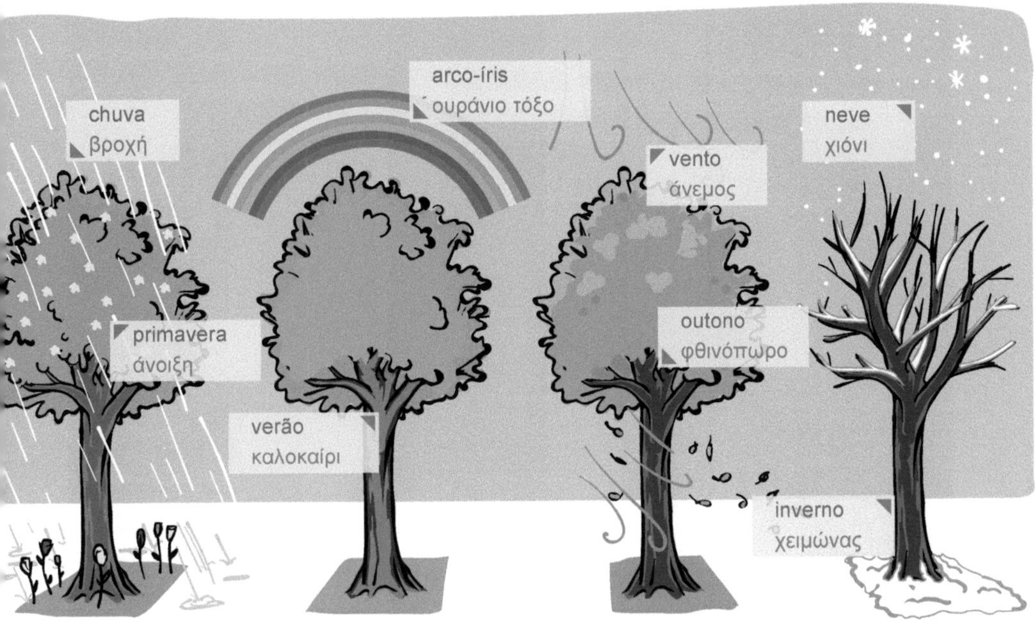

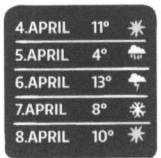

previsão do tempo

πρόγνωση καιρού

F C
120 40
90 30
60 20
30 10
0 0
-30 -10
-20

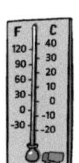

termômetro

θερμόμετρο

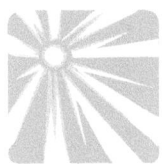

raio de sol

λιακάδα

nuvem

σύννεφο

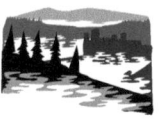

neblina / nevoeiro

ομίχλη

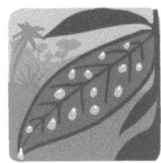

umidade do ar

υγρασία

relâmpago
αστραπή

trovão
κεραυνός

tempestade
καταιγίδα

granizo
χαλάζι

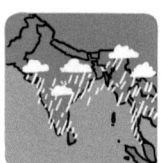

monção
μουσώνας

inundação
πλημμύρα

gelo
πάγος

janeiro
Ιανουάριος

fevereiro
Φεβρουάριος

março
Μάρτιος

abril
Απρίλιος

maio
Μάιος

junho
Ιούνιος

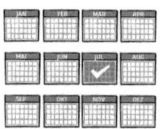

julho
Ιούλιος

agosto
Αύγουστος

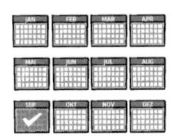

setembro

Σεπτέμβριος

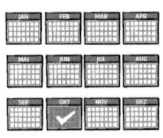

outubro

Οκτώβριος

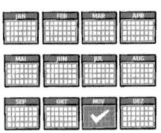

novembro

Νοέμβριος

dezembro

Δεκέμβριος

formas
σχήματα

círculo

κύκλος

quadrado

τετράγωνο

retângulo

ορθογώνιο
παραλληλόγραμμο

triângulo

τρίγωνο

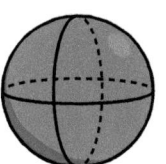

esfera

σφαίρα

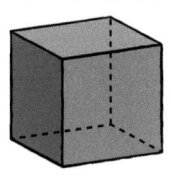

cubo

κύβος

branco

άσπρο

amarelo

κίτρινο

laranja

πορτοκαλί

rosa

ροζ

vermelho

κόκκινο

lilás

μωβ

azul

μπλε

verde

πράσινο

marrom

καφέ

cinza

γκρι

preto

μαύρο

muito / pouco

πολύ / λίγο

furioso / tranquilo

θυμωμένος / ήρεμος

lindo / feio

όμορφος / άσχημος

começo / fim

αρχή / τέλος

grande / pequeno

μεγάλος / μικρός

claro / escuro

φωτεινός / σκοτεινός

irmão / irmã

αδελφός / αδελφή

limpo / sujo

καθαρός / λερωμένος

completo / incompleto

πλήρης / ατελής

dia / noite

ημέρα / νύχτα

morto / vivo

νεκρός / ζωντανός

largo / estreito

φαρδύς / στενός

comestível / não comestível

βρώσιμος / μη βρώσιμος

mau / gentil

κακός / ευγενικός

entusiasmado / entediado

ενθουσιασμένος / βαριεστημένος

gordo / magro

παχύς / λεπτός

primeiro / último

πρώτος / τελευταίος

amigo / inimigo

φίλος / εχθρός

cheio / vazio

γεμάτος / άδειος

duro / macio

σκληρός / μαλακός

pesado / leve

βαρύς / ελαφρύς

fome / sede

πείνα / δίψα

doente / saudável

άρρωστος / υγιής

ilegal / legal

παράνομος / νόμιμος

inteligente / idiota

έξυπνος / χαζός

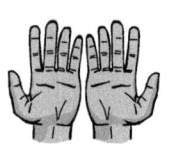

esquerda / direita

αριστερός / δεξιός

perto / longe

κοντινός / μακρινός

opostos - αντίθετα

novo / usado

καινούριος / μεταχειρισμένος

nada / alguma coisa

τίποτα / κάτι

velho / jovem

γέρος | νέος

ligado / desligado

αναμμένος / σβηστός

aberto / fechado

ανοιχτός / κλειστός

baixo / alto

χαμηλόφωνος / μεγαλόφωνος

rico / pobre

πλούσιος / φτωχός

certo / errado

σωστός / λανθασμένος

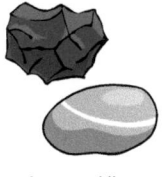

áspero / liso

τραχύς / λείος

triste / feliz

λυπημένος / χαρούμενος

curto / longo

κοντός / μακρύς

lento / rápido

αργός / γρήγορος

molhado / seco

υγρός / στεγνός

ameno / fresco

ζεστός / δροσερός

guerra / paz

πόλεμος / ειρήνη

0	**1**	**2**
zero	um	dois
μηδέν	ένα	δύο

3	**4**	**5**
três	quatro	cinco
τρία	τέσσερα	πέντε

6	**7**	**8**
seis	sete	oito
έξι	εφτά	οκτώ

9	**10**	**11**
nove	dez	onze
εννιά	δέκα	έντεκα

12
doze
δώδεκα

13
treze
δεκατρία

14
quatorze
δεκατέσσερα

15
quinze
δεκαπέντε

16
dezesseis
δεκαέξι

17
dezessete
δεκαεφτά

18
dezoito
δεκαοκτώ

19
dezenove
δεκαεννέα

20
vinte
είκοσι

100
cem
εκατό

1.000
mil
χίλια

1.000.000
milhão
εκατομμύριο

inglês

Αγγλικά

inglês americano

Αμερικάνικα Αγγλικά

chinês mandarim

Μανδαρίνικα Κινέζικα

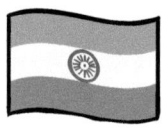

hindi

Χίντι

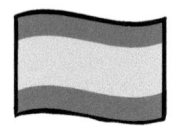

espanhol

Ισπανικά

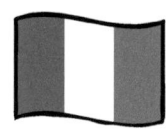

francês

Γαλλικά

árabe

Αραβικά

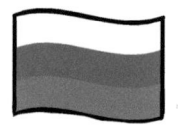

russo

Ρώσικα

português

Πορτογαλικά

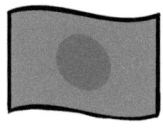

bengalês

Μπενγκάλι

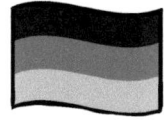

alemão

Γερμανικά

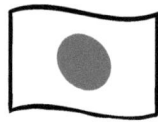

japonês

Ιαπωνικά

eu

εγώ

você

εσύ

ele / ela

αυτός / αυτή / αυτό

nós

εμείς

vocês

εσείς

eles / elas

αυτοί / αυτές / αυτά

quem?

ποιος / ποια / ποιο;

O quê?

τι;

como?

πώς;

onde?

πού;

Quando?

πότε;

nome

όνομα

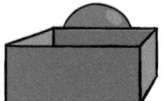

atrás

πίσω

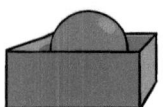

em

μέσα

na frente de

μπροστά

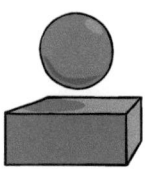

sobre

πάνω από

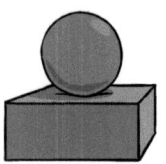

em cima

πάνω

debaixo

κάτω

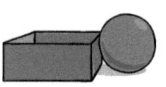

do lado

δίπλα

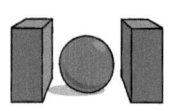

entre

ανάμεσα

lugar

μέρος